Anna C. Rupp

TROCKENBLUMEN *Liebe*

Gestalten mit Gräsern,
Blüten und Blättern

stiebner

Inhalt

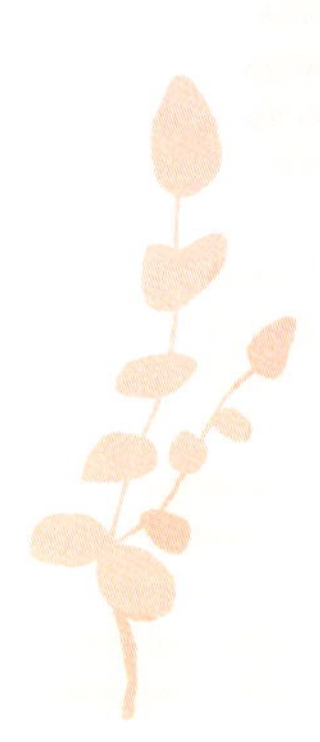

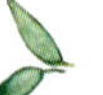

Gestalten mit Trockenblumen 70

Eigene Projekte kreieren 139

Warum Trockenblumen?

Wir leben in einer Zeit und einer globalen Gesellschaft, in der wir Menschen alles wegwerfen. Wir werden überflutet von Eindrücken und dem Gefühl, Dinge besitzen zu müssen, die unser Leben bereichern. Und mitten darin erkenne ich, als Inhaberin eines kleinen Blumenladens im ehemaligen Wohnzimmer meiner Oma, die Sehnsucht der Menschen nach etwas, das bleibt. Gerade bei dem vergänglichsten aller Vanitassymbole, der Blume, die uns »carpe diem« zuflüstert, sehnen wir uns nach Dauerhaftigkeit und Beständigkeit. Wir können Schönheit, egal mit welchen Methoden und Tricks, nicht konservieren. Aber wir können sie neu entdecken. Wir bewerten eine Blume nicht mehr als »tot« oder vertrocknet, wenn wir mit getrockneten Materialien arbeiten, sondern wir erleben sie als etwas Neues. Wir entdecken in Trockenblumen eine neue Art der Schönheit.

Meine Liebe zu Trockenblumen hat bereits in meiner Ausbildung zur Floristin begonnen. Ich erinnere mich an das Gefühl, in jedem Zweig einen Schatz zu sehen. Alles war neu für mich, auch die vielen weggeworfenen Blumen am Ende eines Tages. In mir regte sich der Wunsch, auch diesen Blumen einen Platz zu geben, eine Bedeutung und eine Aufgabe.

Während meines Kunsttherapie-Studiums, in dem viel Wert auf den kreativen Prozess und die künstlerische Entwicklung gelegt wurde, konnte ich mich im Modul »Plastizieren« dem »Abfallmaterial«, wie es manche bezeichnen, neu widmen. Ich formte Objekte aus Abgeblühtem.

Mein Blick für die Welt der Trockenblumen war geöffnet, ich sah sie überall. Bei Spaziergängen, Ausflügen und in Geschichten. Landschaftsbilder malten sich in meinen Gedanken nicht mehr nur aus den Farben der aufgeblühten Lavendelfelder oder der leuchtenden Erikaheiden, sondern ich erkannte umgestürzte Bäume, vertrocknete Clematisschlingen und vom Wind leergepustete Löwenzahnköpfe als Teil dieser Stimmungswelten an.

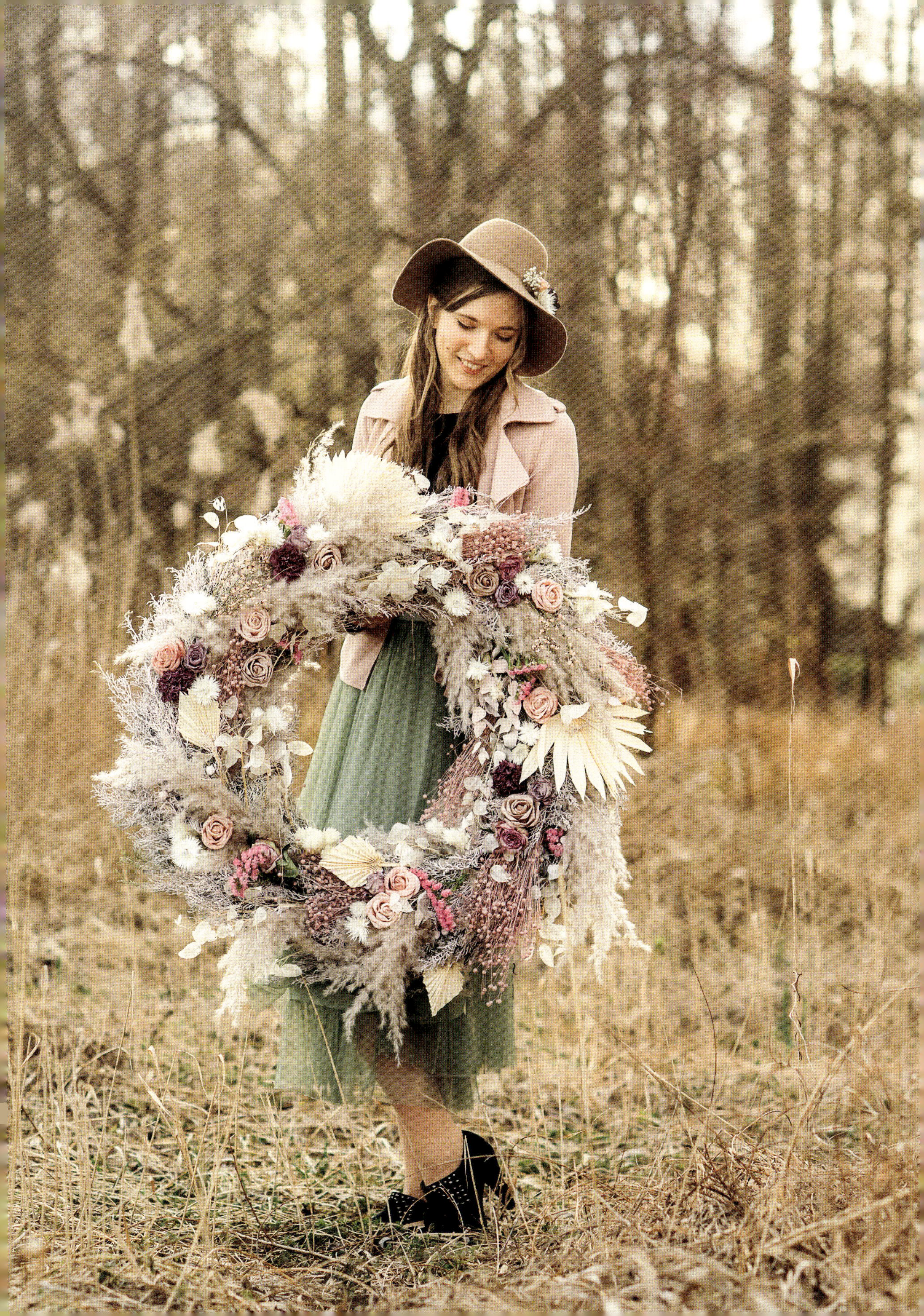

Warum widmen wir uns in diesem Buch den Trockenblumen und gestalten nicht mit Frischblumen? Wir erschaffen etwas Bleibendes. Wir beginnen in Blumen, die wir sonst wegwerfen würden, eine eigene Wertigkeit zu erkennen.

Getrocknete Blumen sind wie eingefrorene Bewegungen, Gesten von Pflanzen, die erstarrt sind. Sie ermöglichen uns, genauer hinzusehen und die Bewegung zu entdecken. Es ist wie das Anhalten der Zeit. Ein Anblick der Entschleunigung.

Wir sehen hinter die Dinge. Wir sehen in einer Blume nicht mehr nur ihren idealen Zustand, sondern auch das Potenzial der Veränderung, das in ihr steckt.

Bei einem Spaziergang durch die Natur werden wir diese ganzheitlicher betrachten. Wir entwickeln einen Blick für die Strukturvielfalt der Pflanzenwelt in jedem Stadium und werden Zeuge ihrer Wachstums- und Sterbeprozesse.

Wir werfen nicht weg, sondern wir entdecken neu. Das ist etwas, das wir uns als freudig entdeckende und kreative Haltung für viele Bereiche diese Welt wünschen dürfen.

Machen wir einen blumigen Anfang.

Willkommen in der Welt der Trockenblumen.

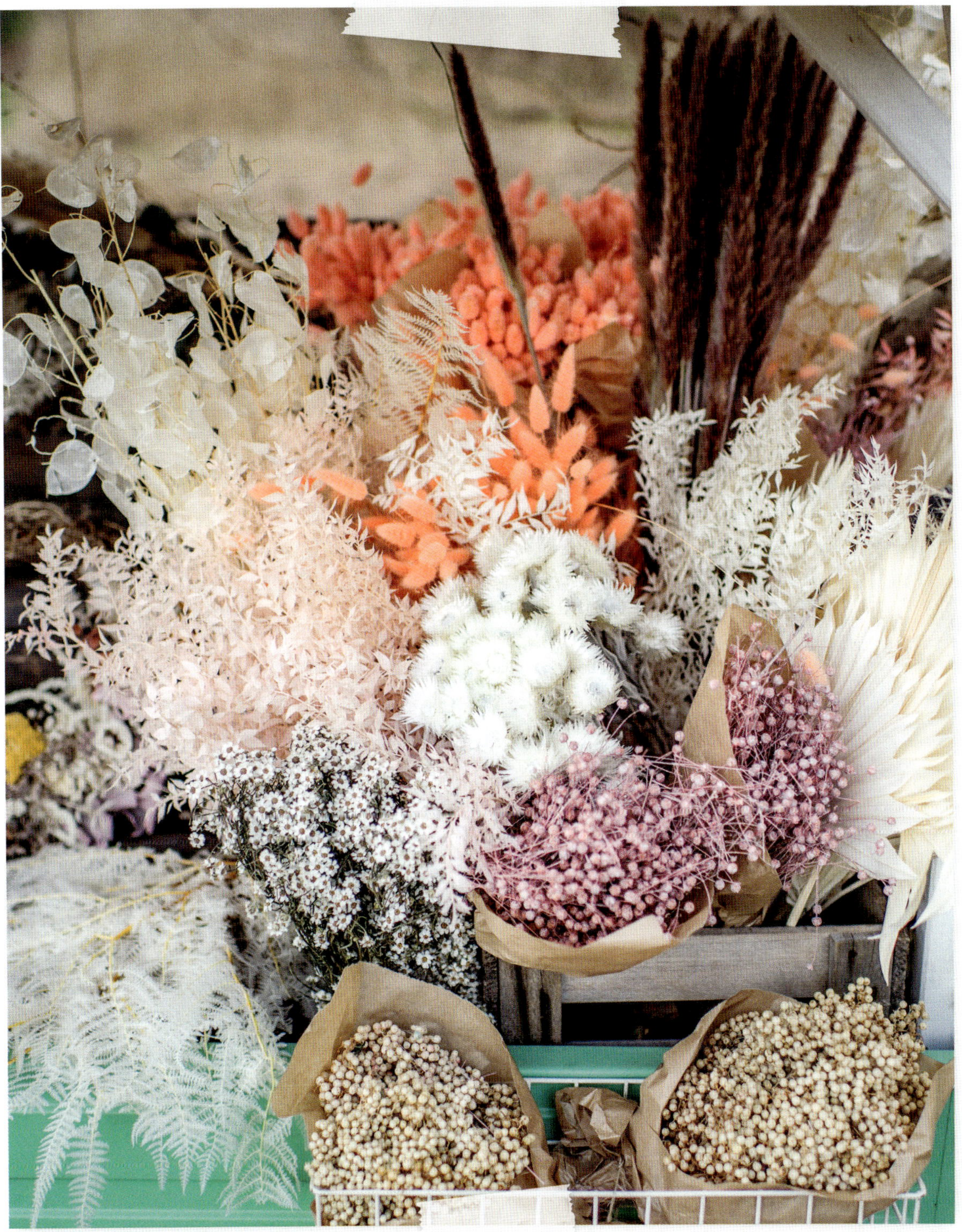

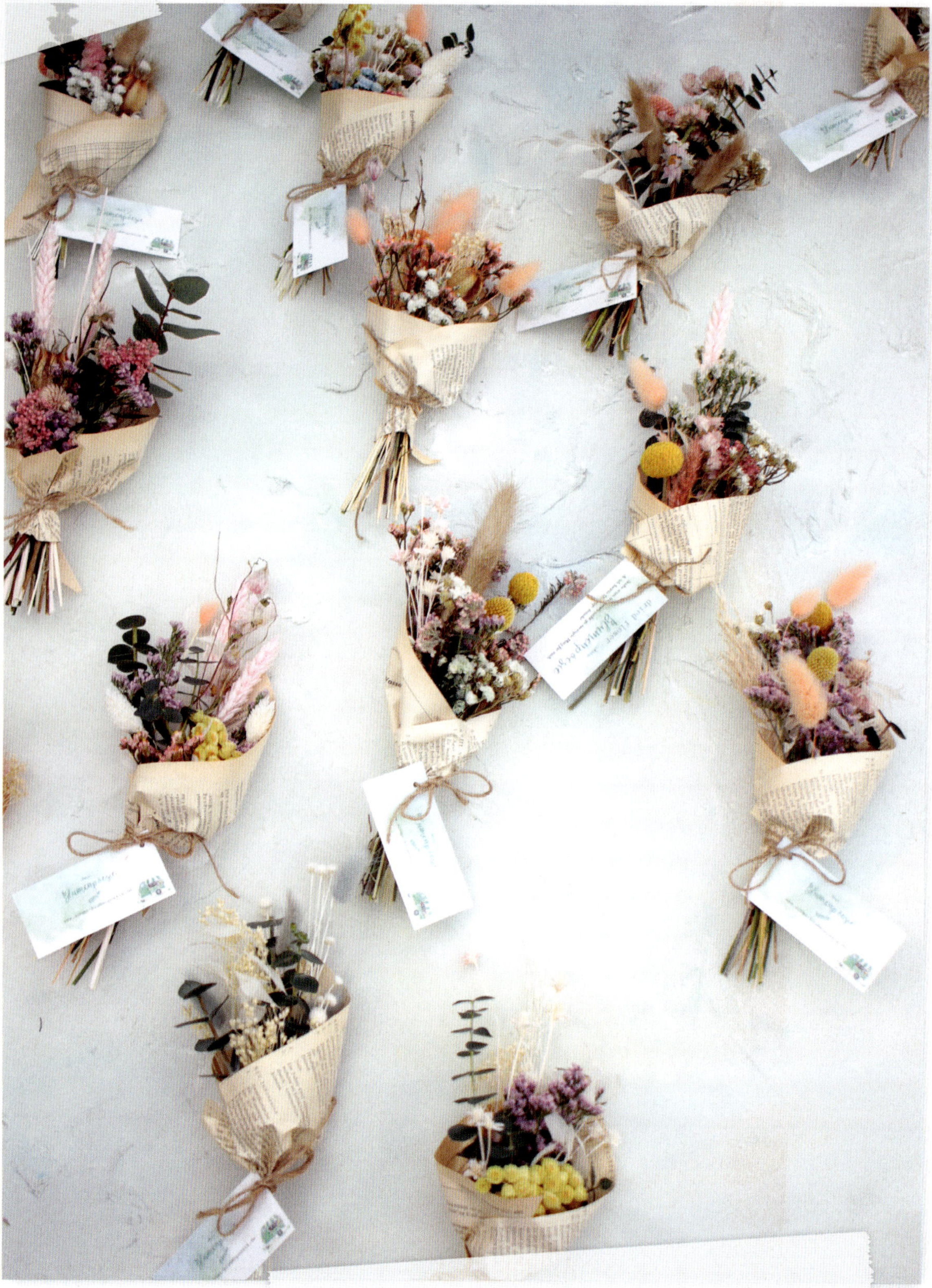

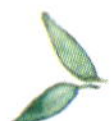

Willkommen in der Welt der Trockenblumen

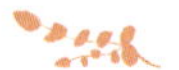

Stimmungswirkung von Trockenblumen

Blumen sind stimmungserzeugend. Sie sind aus unserer gestalteten Umgebung nicht wegzudenken und der Mensch nimmt gerne Bezug auf sie. Produkte mit Blumenillustrationen erzeugen je nach Metier ganz unterschiedliche Stimmungen: Auf Kinderbettwäsche finden sich beispielsweise häufig sanft-liebliche Blütenmischungen, wie auf einer Blumenwiese. Romantische und prunkvolle Artikel werden eher mit Rosen und Hortensien bestückt.

Es ist offensichtlich, dass Blumen Stimmungen aufgreifen und eine unterschiedliche Atmosphäre schaffen können.

Um diese Stimmungswirkung verstehen und entdecken zu können, werden Blumen unterschiedliche Attribute zugeordnet. Wir können diese Attribute oder »Charaktereigenschaften« anwenden, um herauszufinden, welche Wirkung die Blumen erzeugen.

Es gibt unterschiedliche Ansätze, um die Charaktere von Floralien zu erkennen. Die offensichtlichsten sind Farbe und Größe der Trockenblumen. Wir verwenden hier außerdem drei weitere Attribute: Wir betrachten die *Richtung*, in welche sich die Pflanze in ihrer natürlichen Umgebung entfaltet. Durch die Richtung können wir auch die *Gesten* von Pflanzen, ihren Bewegungscharakter, erfassen. Als drittens schauen wir uns die *Präsenz* des Materials an.

RICHTUNG:

In der Natur haben Blumen eine Wachstumsrichtung. Sie können aufstrebend wachsen, hängend oder kletternd. In jeder dieser Formen können sie sich einseitig oder mehrseitig neigen oder entfalten. Außerdem können sie sich verzweigen. Je vielfältiger die Richtungen und Linienführungen von Pflanzenmaterialien sind, umso spannender werden sie. Sie können aber auch frech oder nervös wirken.

Ein zweiter Aspekt ist die Sonnenwendigkeit. Blumen haben ein Gesicht, welches sich meist zur Sonne neigt. Wir fragen danach, in welche Richtung die Blume »schaut«. Wenn wir diesen Aspekt in Blumengestecke oder Sträuße mit einbeziehen, können wir einen Bezug zwischen den einzelnen Materialien schaffen. Wir ordnen sie so an, dass sie einander »ansehen«.

GESTEN:

Neben der Wachstumsrichtung von Pflanzen können wir ebenso nach ihrer Beweglichkeit fragen. Als erstes stellen wir uns dafür die Blume in der Natur vor. Wie würde sie sich im Wind bewegen, in ihrem natürlichen Wachstumsprozess? Ist sie beweglich oder starr? Dynamisch und vielfältig in ihrer Bewegung oder anschmiegsam? Wir können viele beschreibende Worte für Gesten von Pflanzen finden, die uns bei einer stimmungserzeugenden Gestaltung unterstützen. Hier findest du ein paar Worte als Anregung:

Aufrecht. Stolz. Starr. Verharrend. Standhaft.

Anschmiegsam. Wiegend. Schmeichelnd.

Dynamisch. Tänzelnd. Säuselnd. Zitternd.

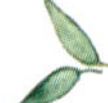

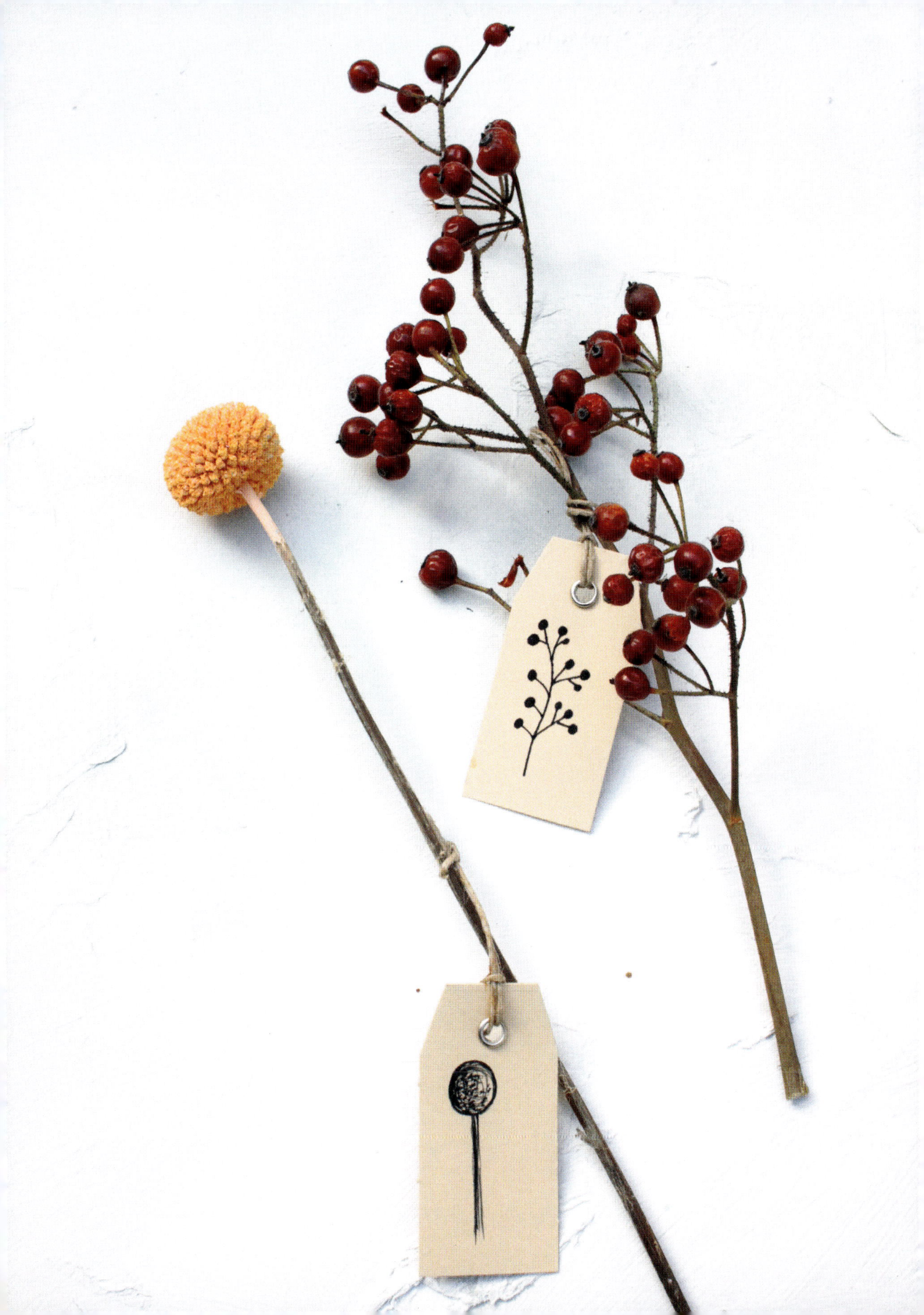

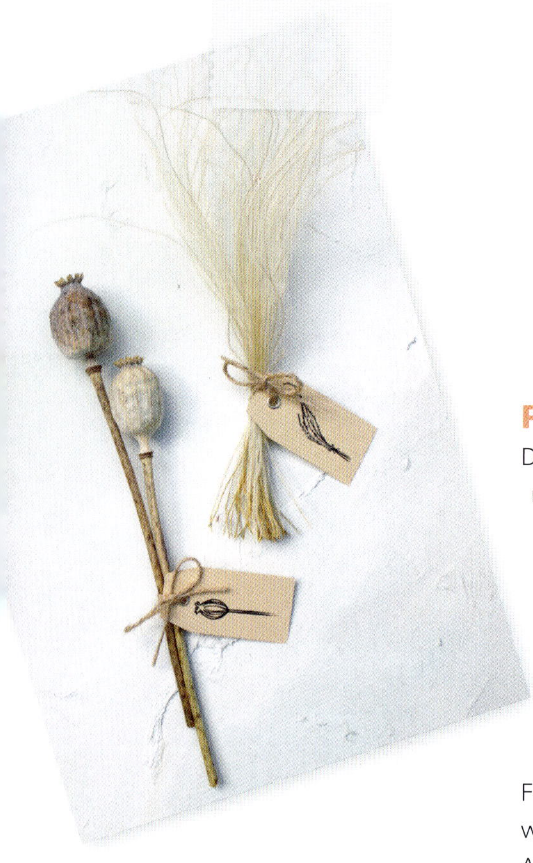

PRÄSENZ ODER DOMINANZ:

Diese Charaktereigenschaft lässt sich insbesondere in der Zusammenstellung und gemeinsamen Wirkung von mehreren Materialien beobachten. Stellt man der betrachteten Trockenblume einen Gestaltungspartner, eine weitere Blume, entgegen, welche ordnet sich unter und welche ist dominant? Sucht deine Blume die Gesellschaft von anderen Gleichgesinnten oder möchte sie dominantere Blüten untermalen und begleiten? Ist sie so präsent, dass sie gerne für sich alleine stehen möchte und die Begleitung nicht zwingend braucht? In der »Beziehung« zwischen mehreren Floralien können wir ihnen fast menschliche Eigenschaften zuschreiben, wodurch unsere Blumenarrangements spannend und lebendig wirken. Auch hier habe ich ein paar inspirierende Worte als kleinen Gedankenimpuls gesammelt:

Schüchtern. Sanft. Liebevoll. Unterordnend. Begleitend.

Unterstützend. Unterwürfig. Demütig. Leise.

Dominant. Königlich. Würdevoll. Stolz. Erhaben.

Überheblich. Kraftvoll. Lautstark.

Frech. Aufmüpfig. Herausfordernd. Provokant.

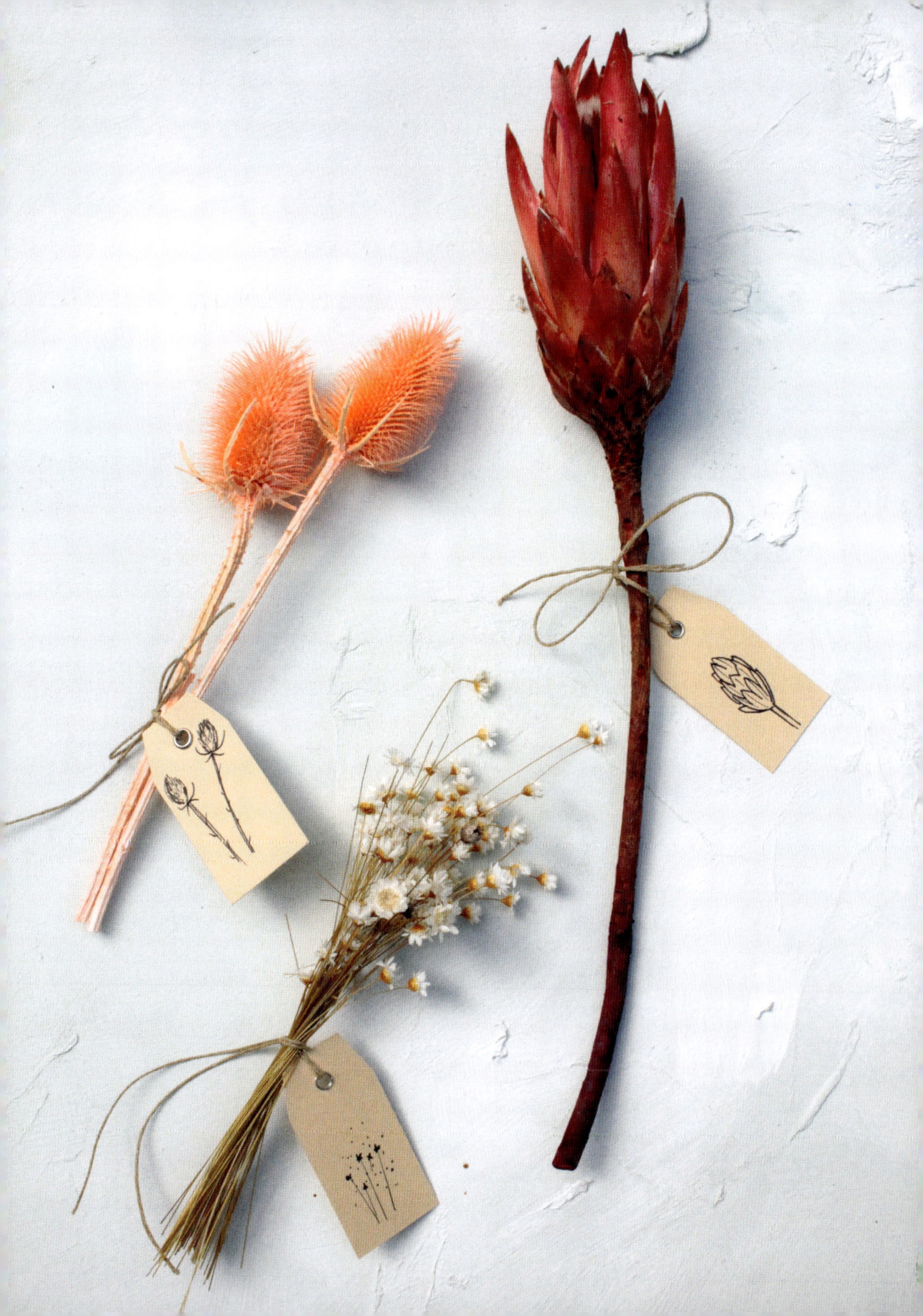

Ausrüstung

WERKZEUG

Gartenschere oder Rebschere

Zur Arbeit mit Trockenblumen eignet sich sowohl eine stärkere Astschere für dickere Stiele, als auch eine scharfe Rebschere für dünne Halme.

Messer

Scharfe Floristenmesser sind für das Anschneiden der Stiele optimal. Normalerweise werden die Stiele schräg mit dem Messer angeschnitten, damit frische Blumen besser Wasser aufnehmen können. In diesem Buch schneiden wir die Stiele schräg an, um sie für Steckmassen anzuspitzen und sie einfacher verarbeiten zu können.

Stoff- und Papierschere

Damit sowohl Bänder als auch Papiere als ergänzende Schmuckmaterialien saubere Schnittkanten erhalten, sind zwei getrennte Scheren empfehlenswert. Es gibt Stoffscheren, die extra für Textilien vorgesehen sind.

Drahtschere oder Seitenschneider

Damit unsere Rebscheren lange ihren Dienst tun und nicht an Drähten stumpf werden, schaffen wir Drahtscheren oder Seitenschneider für Drähte an, die wir im Verarbeitungsprozess ablängen.

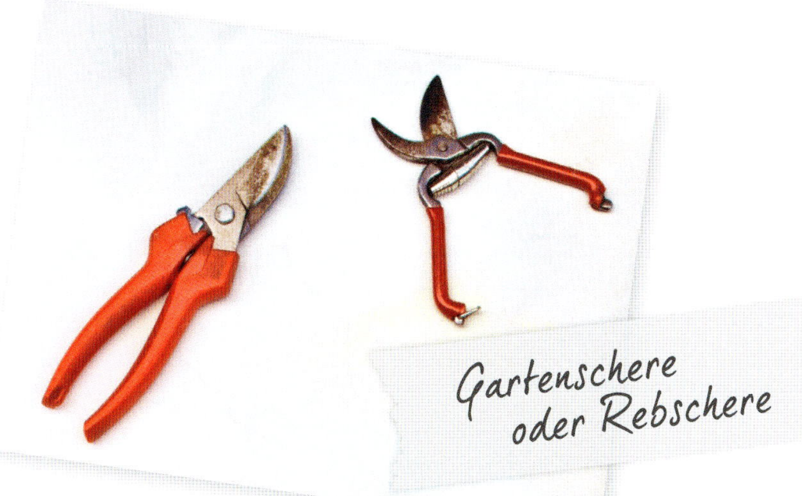
Gartenschere
oder Rebschere

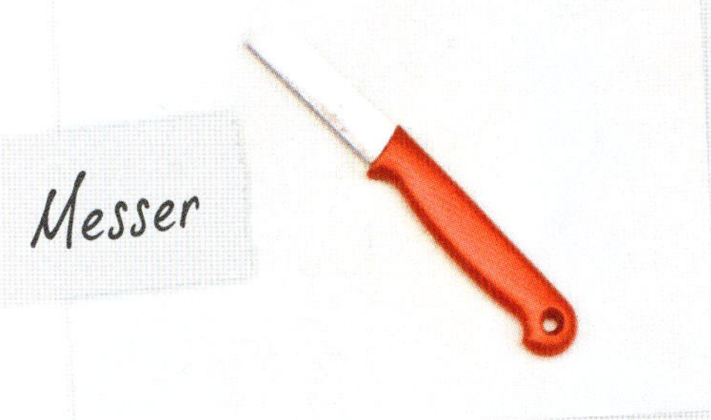
Messer

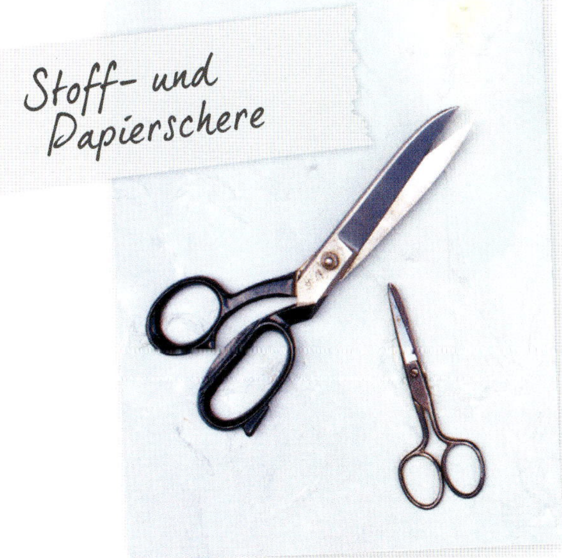
Stoff- und
Papierschere

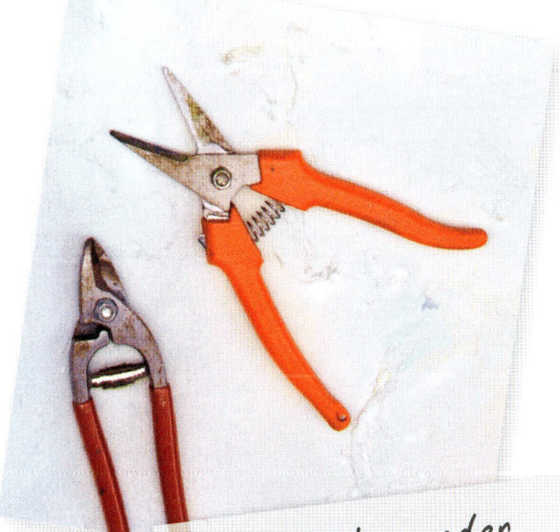
Drahtschere oder
Seitenschneider

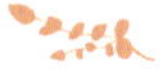

GRUNDFORMEN UND STECKMASSE

Strohrömer

Um Kränze zu binden, verwenden wir in diesem Buch den sogenannten Strohrömer, eine Grundform aus einem Strohkern. Der Strohrömer ist im Bastel- oder Gartengeschäft in unterschiedlichen Größen erhältlich. Wichtig bei der Arbeit mit dem Strohrömer ist es, die Pflanzenteile auf der Innenseite kurz und eng anzulegen, damit die offene Mitte erhalten bleibt.

Drahtringe und Reife

Gerippte Drahtringe eignen sich gut, um Kränze ringsum mit Floralien zu versehen. Die gewellte Oberfläche hilft dabei, die Materialien fest zu verarbeiten.

Metall- oder Holzreife kennt man insbesondere aus dem Bereich der Traumfänger- oder Stickarbeiten. Diese sind wunderbar geeignet, um sie mit einem Blütenakzent zu versehen, da der Reif an sich bereits eine Zierde ist.

Steckmasse

Grundsätzlich gibt es zweierlei Steckmasse. Eine ist für Frischblumen, eine für Trockenblumen vorgesehen. In diesem Buch verwenden wir ausschließlich die Steckmasse für Frischblumen. Grund hierfür ist, dass die Steckmasse für Frischblumen natürlich abbaubar ist, wohingegen die Trockensteckmasse zu den Sonderabfallprodukten zählt. Durch ihre Feinkörnigkeit reizt sie außerdem Augen und Atemwege und ist sehr unangenehm zu verarbeiten.

Wichtig

Wichtig bei der Verwendung Frischsteckmasse für Trockenblumen:

- Nicht einweichen.
- Nicht eindrücken (die Druckstellen zerfallen und bieten den Blumen keinen Halt mehr).
- Blüten nicht mehrfach Ein- und Ausstecken (die Steckmasse bröselt sonst).
- Kanten vor dem Stecken abschrägen, um zusätzliche Steckflächen zu schaffen.

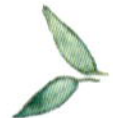

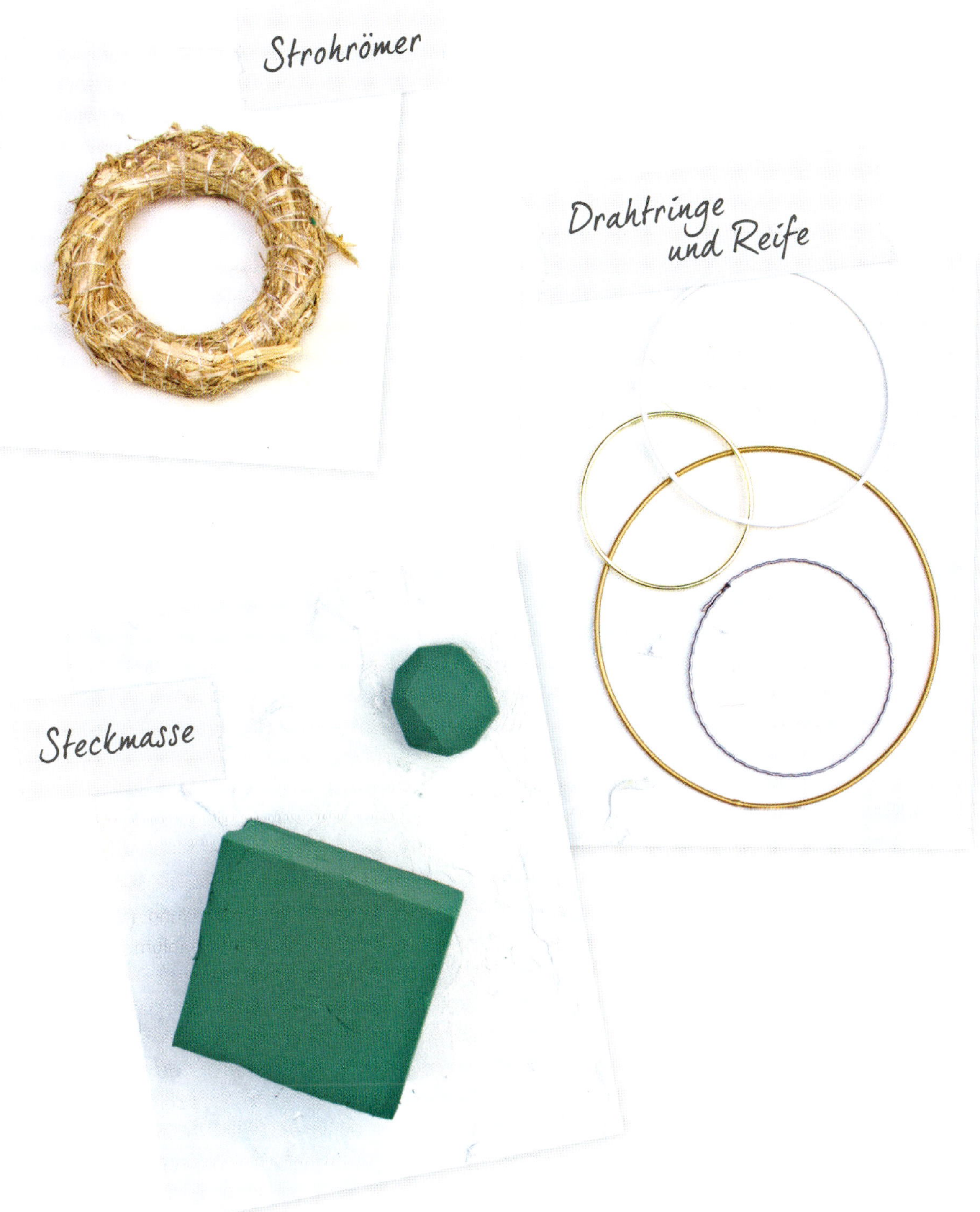
Strohrömer
Drahtringe und Reife
Steckmasse

BEFESTIGUNGSMITTEL

Steckdraht

Steckdraht gibt es in unterschiedlichen Stärken. Es handelt sich um gerade Drahtstäbe, die Blüten stabilisieren können oder einen Ersatz für Blumenstiele bieten. Mit Steckdraht können Bündel von Blüten in Sträuße und andere Arrangements verarbeitet werden.

Wickeldraht

Wickeldraht kennen wir meistens aus der Herstellung von Adventskränzen. Wickeldraht ist ein auf einen Holzstab gewickelter, stabiler Draht, der sich vor allem als Befestigungsmittel bewährt.

Myrthendraht

Myrthendraht ist ein feiner, dünner Metalldraht. Es gibt ihn in unterschiedlichen Farben, auch silber, kupfer oder gold sowie farbig lackiert. Gerne verwende ich in diesem Buch den braunen Myrthendraht, da dieser sich im Vergleich zu anderen Farben besser an die Floralien anfügt und optisch nicht ins Gewicht fällt.

»Tipp«

Schneide einen Heißklebestick in kleine handliche Stücke und wickele die gewünschte Menge Draht darauf ab. Dann rollt sich die Drahtrolle nicht unkontrolliert ab und der Draht verhakt sich nicht!

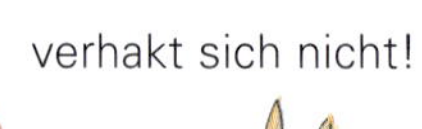

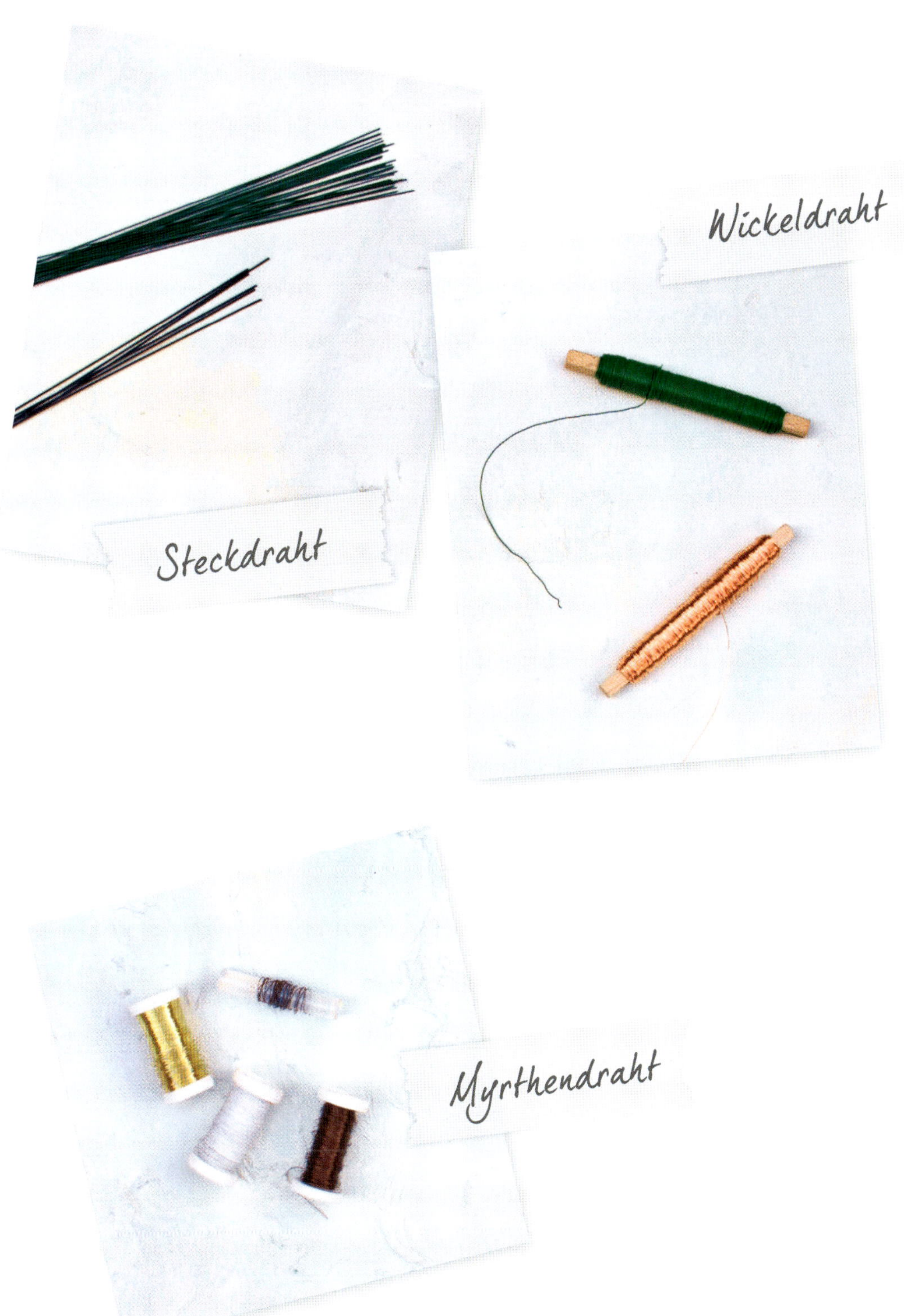
Steckdraht
Wickeldraht
Myrthendraht

Haften

Haften sind Klammern, die uns dabei helfen, Materialien beispielsweise auf Kränze zu haften. Wir verwenden auch gerne Klammern aus Steckdraht, die wir selbst während des Verarbeitungsprozesses auf die gewünschte Länge schneiden und biegen.

Klebstoff

In diesem Buch verwenden wir Heißkleber und Floralkleber. Letzteren bekommt man in Tuben, und er ermöglicht uns, zarte Blüten zu befestigen, die sonst unter der Hitze der Heißklebepistole verbrennen würden. Bei zu heißem Kleber können auch Flecken oder Irritationen in der Blumenfarbe entstehen.

Juteschnur

Dünne Juteschnur oder auch Bonbonschnur kann nicht nur als zweckmäßiges Befestigungsmittel verwenden werden, sondern auch als dekoratives Element. Wir verzichten auf Plastikbast und wählen zum Umweltschutz und für die Ästhetik ausschließlich Juteschnur.

Stecknadeln

Stecknadeln mit kleinem metallenen Stecknadelkopf helfen uns, einzelne Blüten zu befestigen oder auch Bänder festzustecken.

»Tipp«

Meine Heißklebepistole steht in einem alten Einmachglas. Falls sie einmal tropft, muss man keine Flächen reinigen und gleichzeitig bietet das Glas einen Schutz vor Verbrennungen.

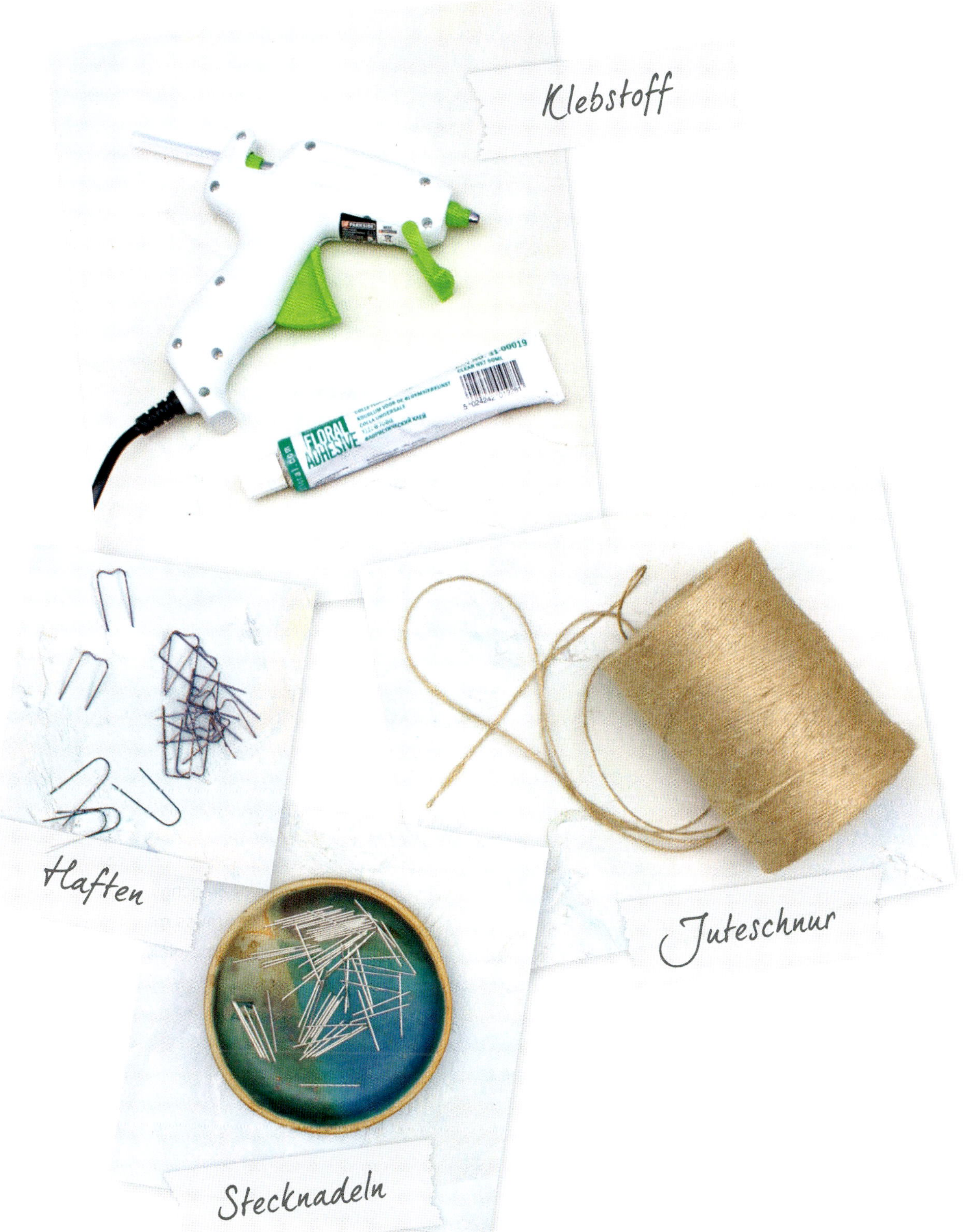
Klebstoff
FLORAL ADHESIVE
Haften
Juteschnur
Stecknadeln

WEITERE UTENSILIEN

Handschuhe

Handschuhe sind ein wichtiges Utensil für Allergiker, hauptsächlich setzen wir sie aber beim Färben von Blumen ein, um unsere Haut zu schützen. Dünne Haushaltshandschuhe eignen sich hier am besten.

Einmachgläser

Einmachgläser sind zur Lagerung von Blumen geeignet, für dekorative Zwecke schön einsetzbar und außerdem ein wichtiges Gefäß beim Färben von Floralien.

Saatschalen oder wasserdichte Sortierboxen

Um Farbbäder für Blätter und Gräser mit längeren Stielen durchführen zu können, eignen sich Plastikwannen wie flache Saatschalen, die normalerweise zum Säen von Pflanzen verwendet werden.

Wäscheleinen und -klammern

Wäscheleinen und-klammern eignen sich wunderbar zum Aufhängen von gefärbten Blättern oder zu trocknenden Blumenmaterialien.

Zeitungspapier

Zeitungspapier ist ideal, um gefärbte Blumen abtropfen zu lassen, oder um Blumen in Bündel zu packen. Wichtig ist allerdings, dass du keine feuchten Blumen auf die Zeitung direkt legst, da die Druckerschwärze auf deine Blumen abfärben kann.

Küchenpapier und alte Stofftücher

Im Färbeprozess oder beim Trocknen benötigen wir saugfähige Tücher. Wir verwenden waschbare Küchenrolle aus Bambusfasern, sie ist besonders saugfähig, klebt nach dem Trocknen nicht auf abgelegten und frisch gefärbten Blüten und ist waschbar. Wichtig ist, dass wir die zum Aufsaugen überschüssiger Farbe benutzten Tücher nicht mit unserer normalen Haushaltswäsche in die Waschmaschine geben. Je nachdem, welche Farbe verwendet wird, löst sie sich beim Waschvorgang und färbt übrige Textilien mit ein.

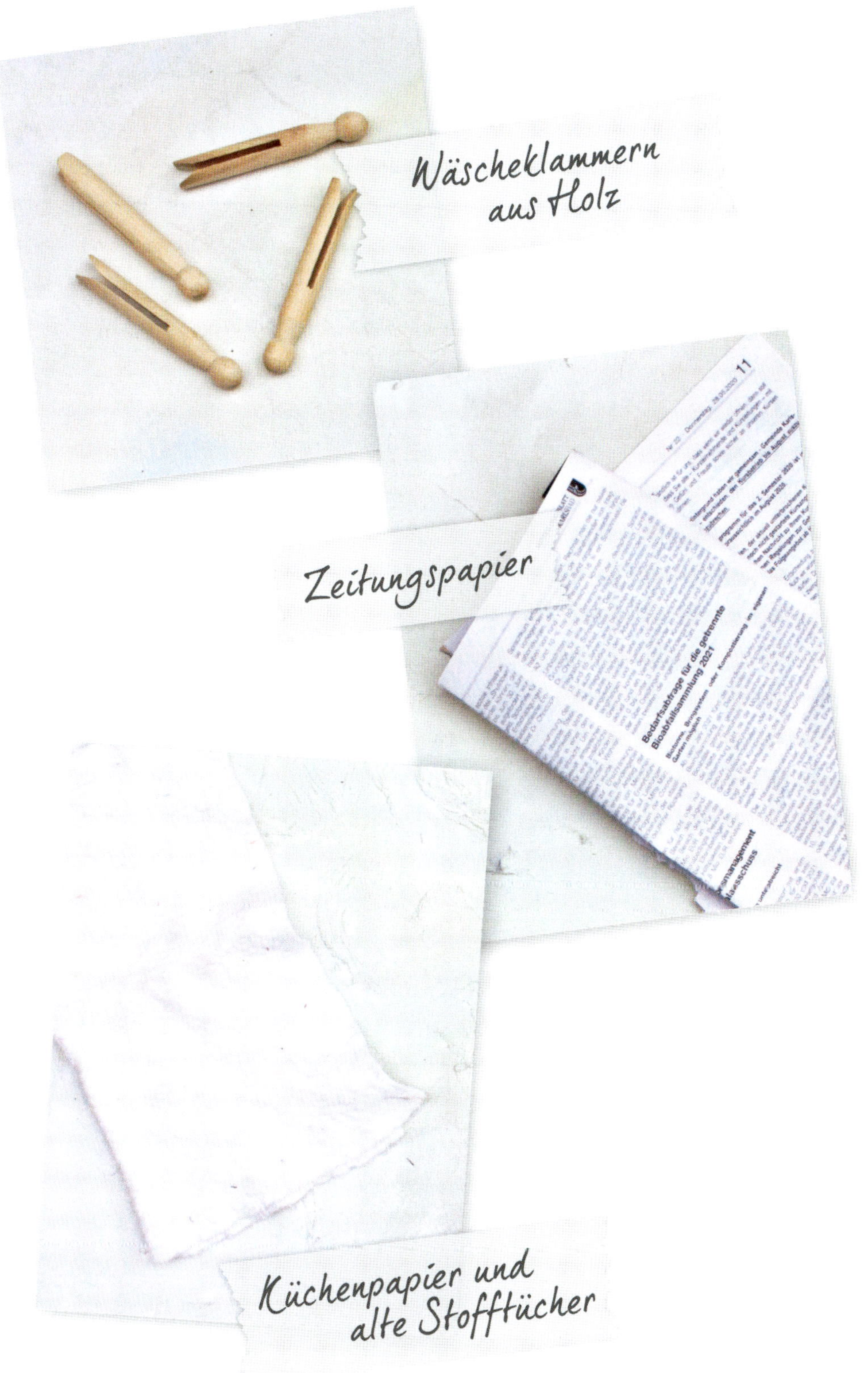
Wäscheklammern aus Holz
Zeitungspapier
Küchenpapier und alte Stofftücher

Ein Spaziergang durch die Jahreszeiten, Naturgärten und Blumenläden

Eines meiner Rituale für den Jahresbeginn ist es, kleine Samenpäckchen in meinen Tischkalender einzukleben. Ich hefte sie an die Woche im Jahr, die perfekt für die Aussaat ist. So halte ich mich an einen natürlichen Rhythmus und begleite einige meiner Trockenblumen schon von der ersten Senkwurzel und dem ersten Keimblatt an. Besonders schätze ich, dass man Trockenblumen nicht erntet, wenn die Umwelt sie noch braucht und sich noch Insekten auf ihren Blüten tummeln. Ich kann sie im Gegenteil stehen lassen, bis der Samen so gereift ist, dass ich ihn wieder in Tütchen sammeln oder auf die Erde streuen kann. Wenn die Blumen dann geschnitten sind, lasse ich sie nicht einfach verblühen, sondern gebe ihnen getrocknet in dauerhaften Arrangements, in Erinnerungsbilderrahmen, Türkränzchen oder an Weihnachten auf Geschenkpäckchen einen neuen Platz. Das Schneiden der Blüten ist somit kein Verlust, sondern eine wahre Ernte. Aus den Materialien entsteht etwas Neues, und genau zu diesem Prozess möchte ich dich einladen.

Streife durch deinen Garten oder über deinen Balkon, öffne deinen Blick bei Spaziergängen und schlendere in diesem Kapitel mit mir durch die Jahreszeiten. Ich erzähle dir, welche Zeit sich für die Ernte welcher Materialien oder auch für die Herstellung bestimmter Formen besonders eignet und führe dich gleichzeitig durch die Vielfalt der Trockenblumen.

Natürlich kann man Trockenblumen auch vermeintlich schnell und einfach bei Großhändlern beziehen. Aber: Häufig handelt es sich hier um importierte Ware, die chemisch getrocknet und gefärbt wird. Deswegen sage ich: Öffne deine Augen und habe Freude am Entdecken. In unserer Umgebung wachsen so viele zauberhafte Pflanzen, Gräser, Farne, Halme und Zweige. Wage dich an das Selbsttrocknen von Blüten, wenn du einmal einen frischen Strauß pflückst oder geschenkt bekommst. Probiere aus und lerne! Mit jeder Blüte, die du selbst getrocknet hast, verbindest du eine Geschichte, die Zeit und die Vorfreude, die du hinein gesteckt hast. Probiere dich mithilfe meiner Tricks am Pflanzenfärben und du wirst sehen, wie sehr du dich in dieses Thema mit Freude hineinarbeitest.

Wenn dir dieser Weg zu aufwändig ist und du Trockenblumen lieber kaufen möchtest, ist mein Tipp: Frage in den Geschäften interessiert nach, woher die Produkte stammen und wie sie gefärbt oder getrocknet werden. Ein Florist, der sich mit seinen Blumen identifiziert, wird dir Auskunft geben können und sicherlich darauf geachtet haben, welche Herstellungsmethoden er unterstützt und welche davon er in Hinblick auf Umweltfreundlichkeit vertreten kann.

Ein Anliegen habe ich an dich: Schneide der Natur und deiner Pflanzenvielfalt im Garten zuliebe nie alles, was an einer Stelle wächst, ab. Schüttele Samenkapseln und Gräser aus, sei kein Räuber, sondern Besucher der Natur. Freue dich an ihr, wenn sie in den nächsten Jahren noch weiter gedeiht und die Arten eine Chance haben, sich zu vermehren.

Ansonsten ermutige ich dich zu einem gemeinsamen Spaziergang durch die Jahreszeiten, durch Gärten und die Natur. Ich freue mich, dir die Welt der Trockenblumen zu zeigen.

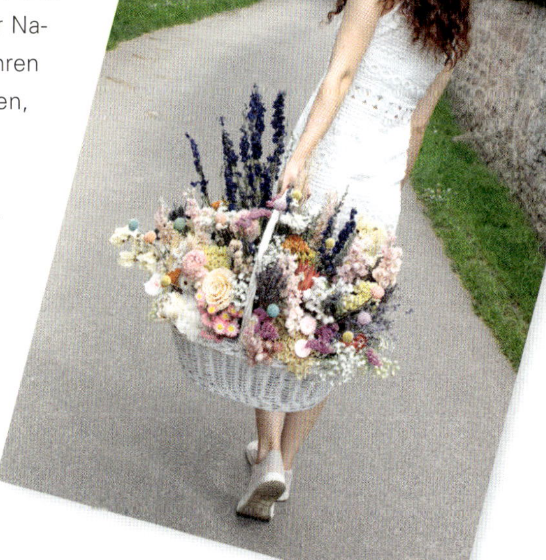

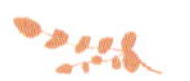

WINTER

Mein Trockenblumen-Kalender beginnt im Januar. Im Winter, so glauben vielleicht viele, ist es schwer, mit Naturmaterialien zu arbeiten. Aber dem ist nicht so. Meine Liebe zu Trockenblumen hat mit den täglichen Spaziergängen mit meinem Hund angefangen, die ich bei jedem Wetter bestreiten muss. Auch die Kälte hält uns nicht davon ab, in die Natur zu gehen. Im Winter sind die Felder trocken. Auf manchen von ihnen haben im Sommer vielleicht bunte Blumen geblüht. Davon ist nur mehr ein fahler Abglanz zu sehen. Vertrocknete Halme, tote, leere Samenhüllen. Anders als in der bunten Blütenpracht im Sommer sind die Farben im Winter reduziert, die Blätter ausgebleicht. Wind und Sonne haben die Pflanzenteile ausgelaugt und ihnen ihre Feuchtigkeit entzogen. Der Winter ist die schönste Zeit, um trockene Floralien in der Natur zu entdecken. Er ist eine Zeit, um sich auszuprobieren.

Wenn du einen Garten hast, dann lasse Blumen und Büsche über den Winter stehen, schneide nicht alles zurück. Das schützt nicht nur Tiere und schafft Unterschlupfe und Schutzräume, sondern lässt dein Herz beim Ernten von getrockneten Materialien höher schlagen. Gehe ich durch die Winterwiesen oder den Wald spazieren, sammele ich leere Samenkapseln, Gräser, Farne und vieles mehr. Zieh dir also deinen warmen Mantel an und entdecke. Sammele und sieh, was daraus entsteht. Aufgesprungene Samenkapseln in Gärten sind im Winter besonders schön, wie zum Beispiel Hibiskus [1] oder ausgewaschene Fruchthüllen der Physalis. Eine immer seltener werdende Kostbarkeit sind Lunnaria cinereo [2], zu Deutsch: Judaspfennig. Sie bestechen durch ihr seidig-transparentes, zartes Blütenteil, das aussieht, als wäre es ein Blatt. Tatsächlich ist es die Trennmembran der Samenschote, die ihre Samen bereits ausgestreut hat, die uns durch ihre fast perlmuttartige Oberfläche verzaubert. Wilde Möhre [3] steht wie eingezogen, erfroren in der Landschaft. Im Blumenladen bekommt man im Winter besonders Baumwollzweige [4], aber auch Pfeffer [5] in naturfarben, gebleicht oder einer Vielfalt anderer Farben. Außerdem ist die Winterzeit die Zeit für spannende Kapseln verschiedener Eukalyptusarten [6].

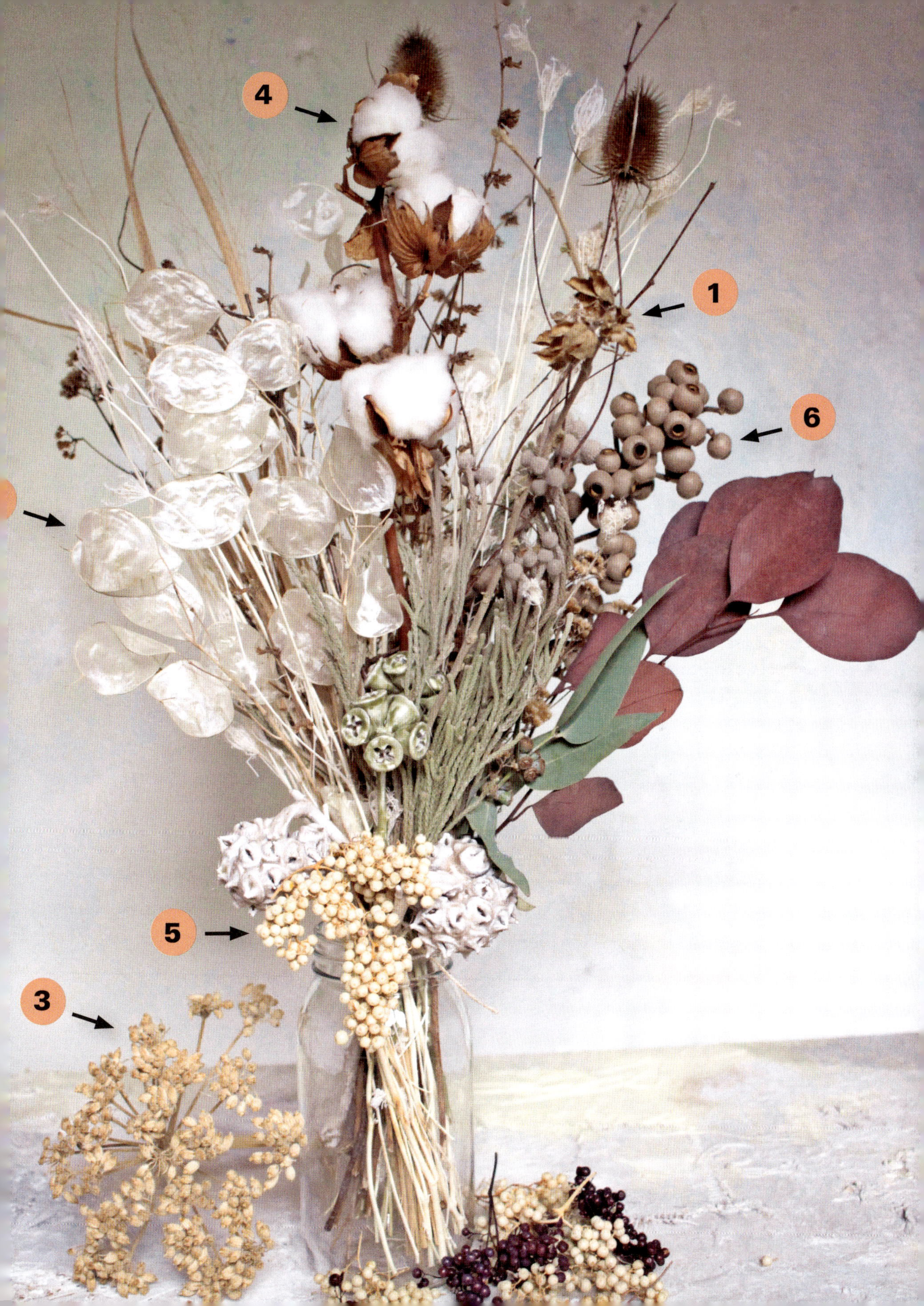
4
1
6
5
3

FRÜHLING

Der Frühling (dazu zähle ich bereits den März) eignet sich besonders zum Sammeln von dünnen Ästen. Da diese weich und von frischen Säften gefüllt sind, wie zum Beispiel bei der Birke [1], lassen sich hervorragend Kränze und andere Formen aus ihnen biegen. Noch bevor die Blätter sprießen, ist es Zeit, dünne Zweige zu schneiden und sie zu formen. Der Frühling bringt uns außerdem den Duft und die Farben des Ginsterstrauchs [2]. Seine schwungvollen Zweige mit den zarten Blüten können wunderbar getrocknet werden. Ebenso die gelbblühende Mimose [3]. Noch bevor die runden Blüten ganz aufgeblüht sind und ihre Leuchtkraft entfalten, kann man sie in ein Gefäß ohne Wasser stellen. Wenn die (nicht gut trocknenden) Blätter entfernt werden, sind getrocknete Mimosen ein schöner Farbakzent in Blumenarrangements.

Der Frühling ist außerdem die Zeit der samtigen Weidekätzchen [4]. Stellt man die Zweige nicht ins Wasser, sondern in ein trockenes Gefäß, blühen die kleinen Kätzchen nicht auf, sondern bleiben erhalten. Nachdem ich sie über die Frühlingsmonate dekorativ in Vasen arrangiert habe, sammle ich jedes Jahr die kleinen Weidekätzchen von ihren Zweigen ab und bewahre sie in einer Dose auf. Auch mit ihnen lassen sich wunderbar kleine Akzente setzen und gestalten. Wichtig bei Weidezweigen ist, dass sie Teil eines sensiblen Ökosystems sind und notwendig für die ersten Insekten. Deswegen stehen sie unter Naturschutz. Bei diesen Zweigen gilt: Unbedingt beim Gärtner oder Floristen erwerben, denn dort stammen sie aus kontrolliertem Anbau.

Auch Magnolien bieten einen samtig-weichen Charakter mit ihren Knospenhüllen. Die kostbaren Zweige können, sofern sie nicht in Wasser gestellt werden, getrocknet und später weiterverwendet werden.

Die meisten Frühlingsblüher lassen sich aufgrund ihrer wasserhaltigen Stiele und Blüten schlecht bis gar nicht trocknen. Doch zur großen Überraschung von vielen Neugierigen: Ranunkeln [5] lassen sich trocknen. Dazu findest du mehr im Teil »Blumen trocknen«.

Hast du Tulpen schon einmal so lange in der Vase stehen lassen, bis sie das Wasser ausgetrunken hatten? Es entstehen malerische Skulpturen aus ihren Blüten, wie aus einem Stillleben. [6]

Freesienblüten [7] behalten wunderbar ihre leuchtkräftigen Farben und ihre Blätter sind, wenn sie getrocknet sind, fast pergamentartig. Sie wirken wie ein erstarrter, gekräuselter Gazestoff. Um sie zu trocknen, können die Blüten einfach in eine Vase ohne Wasser gestellt werden, sobald sie ganz aufgeblüht sind.

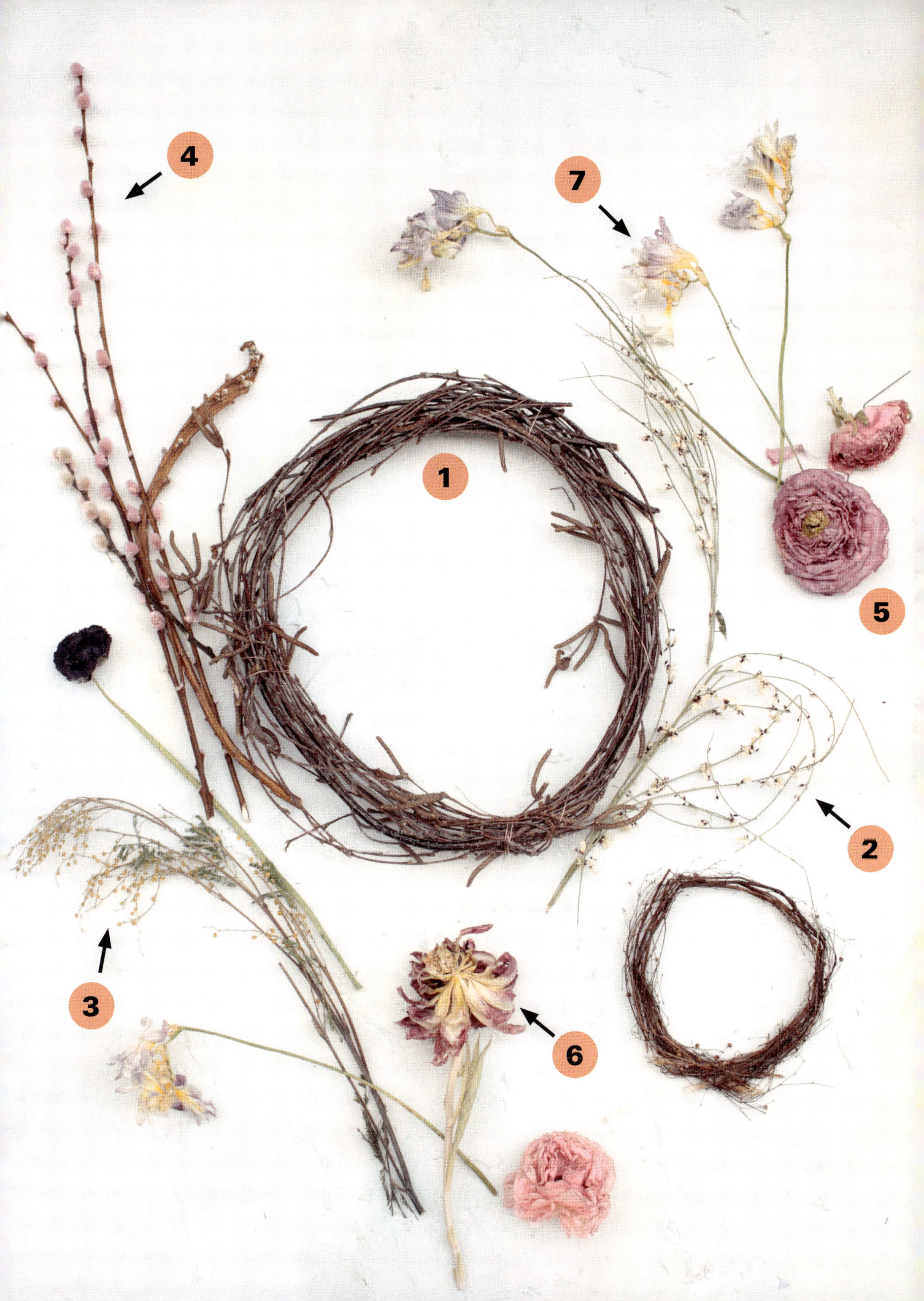
4
7
1
5
2
3
6

SOMMER

Denken wir an den Sommer, so finden wir eine großartige Blumenpracht in den Gärten und auf den Wiesen. Doch der Sommer ist auch geprägt von Trockenperioden, wodurch bereits in dieser Jahreszeit Schoten und Samenkapseln sowie Früchte entstehen, die geerntet werden können. Besonders früh im Jahr blüht die »Jungfer im Grünen«, Nigella damascena [1]. Ihre Kapseln können in der Reife ausgeschüttelt und zum Trocken aufgehängt werden (durch das Ausschütteln können die Samen im nächsten Jahr wieder keimen). Auch die Kugelskabiose [2] kann man bereits im Sommer ernten.

Der Sommer ist außerdem die Zeit der Kräuter. Salbeiblätter und Olive eignen sich hervorragend als grünes getrocknetes Beiwerk in Sträußen. Im Spätsommer dürfen wir den ersten Lavendel ernten, indem wir die Büschel mit einer Schnur bündeln und sie abschneiden. Windstill aufgehängt bringen sie Duft und Struktur in unsere Gestecke. Auch der getrocknete Strandflieder [3] bereitet in Sträußen besonders viel Freude.

Rosen und Hortensien [4] können ebenfalls im Sommer geerntet werden. Fühlt sich bei der Hortensienblüte die Dolde fest und ledrig an, ist es der richtige Zeitpunkt, sie zu ernten und zu trocknen. Kleiner Tipp: Probiere es mit einer kleinen Verzweigung der Blüte aus - trocknet diese gut, ist es an der Zeit, die ganze Blüte zu schneiden. Bei der Hortensie gilt: Schneidest du sie vor dem Winter ab, wird sie eine Blühpause von einem Jahr einlegen. Daher bietet es sich an, immer einen Teil der Blütendolden stehen zu lassen.

Zierlauch, Gomphrena und Schnittlauchblüten, die beinahe aussehen wie Klee, können wir zu dieser Hochsaison der Blumen entdecken und ernten. Lichtarm aufbewahrt behalten sie sogar ihre lieblichen Farben. Der leuchtblaue Rittersporn [5] erhält auch beim Trocknen seine Farbe und auch die pinken Lumina (Papierblumen) [6] bestechen durch ihre Farbintensität.

Beim Ernten zu dieser warmen Jahreszeit gilt eine Regel besonders: Erst am Abend oder am frühen Morgen schneiden. In der prallen Mittagssonne sind die Blüten geschwächt und würden instabil eintrocknen oder zusammenfallen. Die Sonne formt in den Sommermonaten die Blumen und gestaltet aus ihnen die ersten getrockneten Kunstwerke. Wir dürfen oft staunen, wie sich die Natur um uns herum verwandelt.

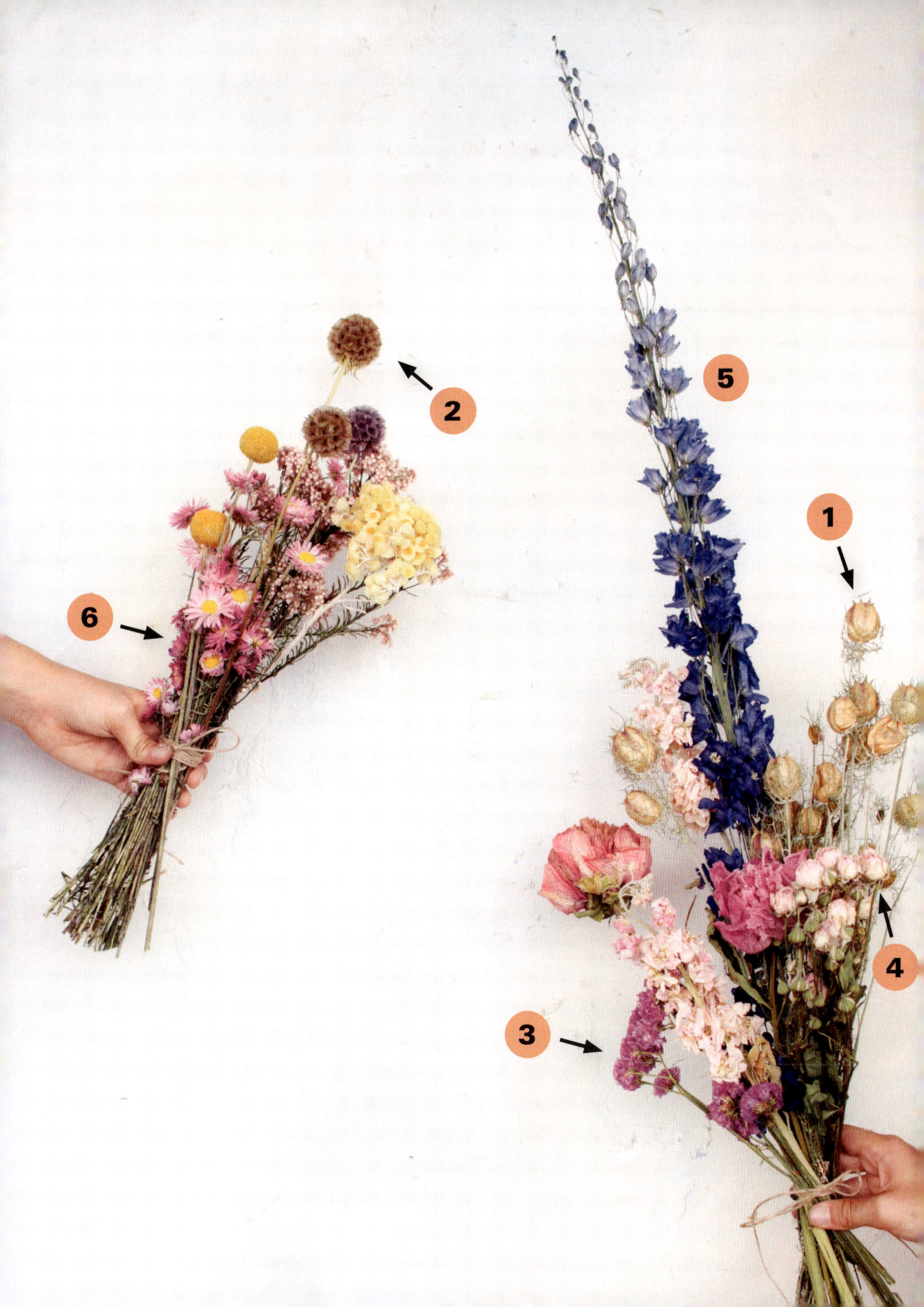
2
5
1
6
4
3

HERBST

Der Herbst ist die Zeit der Gräser, des Getreides und der Kapseln. Wenn wir an die Bauernhäuser von früher zurückdenken, so hingen in den Scheunen gebündelt die getrockneten Blumen. Darunter waren Gewürz- und Heilpflanzen, aber auch Zierblumen. Schneiden können wir in dieser Zeit besonders reife, trockene Gräser wie Pampasgras [1], Chinaschilf (Zittergras oder *Briza* [2] genannt) und viele mehr. Fragt man bei einem Landwirt aus der Gegend an, bekommt man sicherlich die Gelegenheit, ein Bündel Getreide wie Hafer [3], Weizen [4] oder Roggen zu erwerben. Mohnkapseln [5] kann man zu dieser Zeit in Gärten und Geschäften getrocknet erobern und, wir kennen es noch aus Kindheitstagen, das Herbstlaub kann gesammelt und gepresst werden.

Durch die Totengedenktage, an welchen Trockenblumen eine langjährige Tradition haben, ist der Herbst außerdem eine Zeit der Exoten. In Gärtnereien und Blumenläden bekommt man häufig exotische Floralien wie Palmblätter [6], Protea [7], Coco rose [8], Kapgrün [9] und vieles mehr.

In der Natur lassen sich besonders verblühte Korbblütler und Disteln entdecken, die aufgrund ihrer Stachel zwar beschwerlich zu schneiden sind, aber ein Hingucker in Arrangements. Die Schafgarbe oder Achillea [10] ist eine altbekannte Blüte, die sich in Sträußen bewährt hat. Sie ist besonders robust und außerdem leicht zu färben.

In heimischen Gärten finden wir immer noch Hortensien mit spannenden Herbstfärbungen, aber auch kleine Strohblumen in einer farblichen Vielfalt von gelb, weiß über orange und rosa. Strohblumen sollten möglichst zeitig geerntet werden, da ihre Blüten sich sonst zu weit öffnen und unansehnlich werden. Je nach Witterung in den Sommermonaten bietet es sich an, Strohblumen bereits im Sommer zu sammeln.

Wenn er nicht zu feucht ist, ist der Herbst eine wunderbare Zeit, um getrocknete, aber dennoch farblich akzentuierte Blüten und Fruchtstände zu ernten. Es ist für mich die traditionelle Sammel-Jahreszeit. Suche dir also schon einmal einen trockenen und windgeschützten Ort aus, um deine Schätze mit Schnur zu bündeln und zum Trocknen aufzuhängen. Bald darauf wirst du umarmt werden von Kräuter- und Blumenduft.

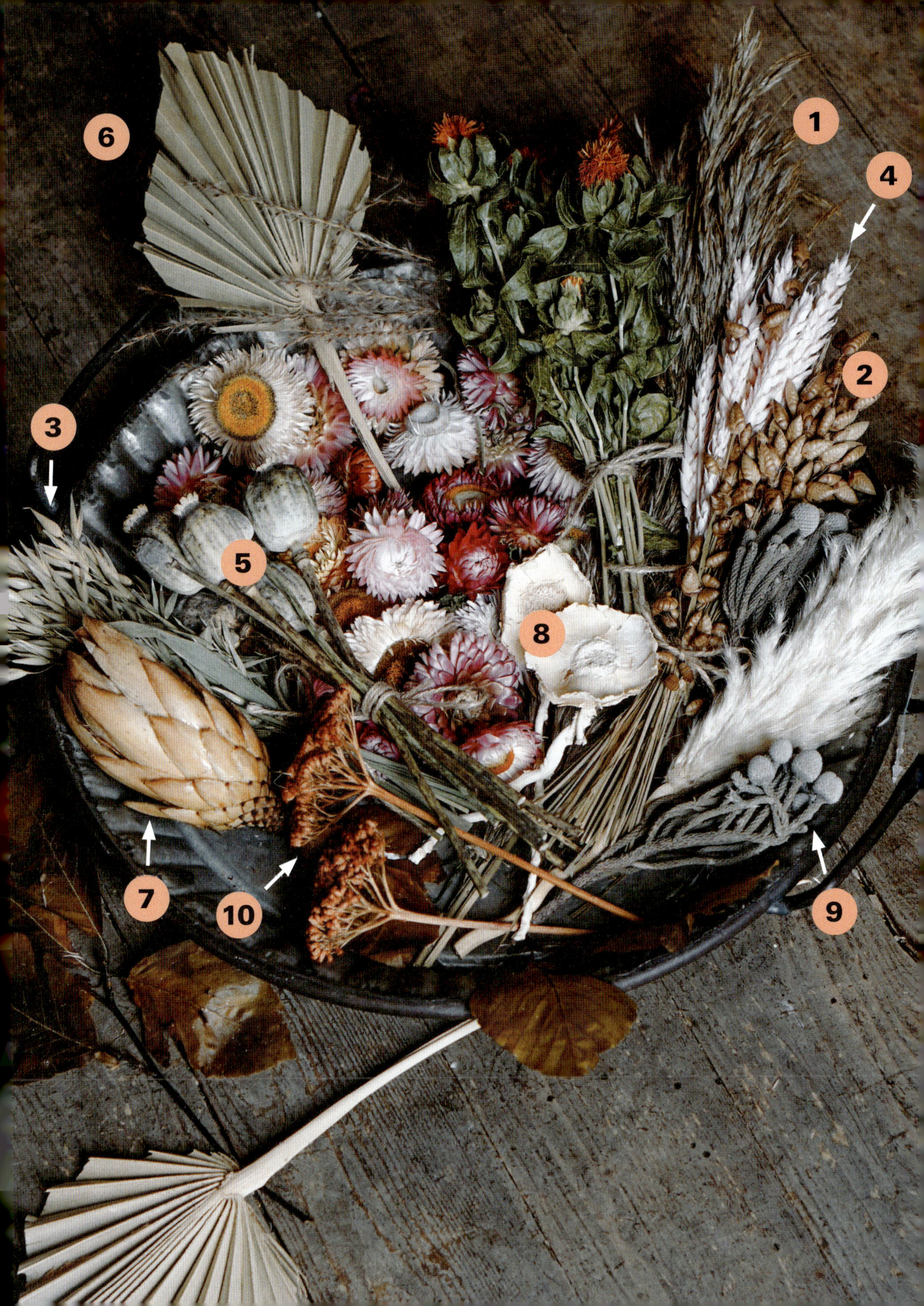
6
1
4
2
3
5
8
7
10
9

Materialkunde der Trockenblumen

Es gibt keinen Bereich der Pflanzenwelt, der sich grundsätzlich nicht für den Einsatz als Trockenfloralie eignet. Man kann zwar nicht jede Pflanze trocknen, aber jedes Pflanzenteil liefert uns wertvolle Materialien. Manche Teile trocknen gut, andere müssen vor dem Trockenvorgang entfernt werden. Du bist eingeladen, zu entdecken und auszuprobieren. Wir können mit Wurzeln, Stielen, Halmen und Zweigen, Blättern, Blüten und Früchten gestalten. Ebenso können wir noch weiter denken, indem wir nur einzelne Samen der Fruchtstände verwenden oder nur die Blütenblätter der Blütenstände.

Im kreativen Prozess hilft es mir oftmals, mir mein Projekt bildhaft als Zusammenspiel vorzustellen, das harmonisch werden soll. Stelle dir vor, dein Projekt wäre ein Theaterstück. Jedes Theaterstück braucht einen Rahmen, eine Basis oder eine Bühne. So lassen sich beispielsweise aus Zweigmaterialien optimal Kränze winden, sie sind also ein gutes **Basismaterial** zur weiteren Gestaltung. Auf der Bühne wuseln manchmal viele Schauspieler umher. Jeder macht das Stück vollkommener und jeder ist wichtig. Genauso ist es mit den **Ergänzungs- oder Dekorationselementen**: Materialien, die einen verbindenden Charakter haben, aber eher eine untergeordnete Rolle in der Gestaltung übernehmen. Ergänzungsmaterialien haben eine begleitende, schmückende Wirkung neben den Hauptblüten. Wir zählen hierzu auch Blütenblätter oder einzelne, dekorative Materialien, die ein Werkstück oder ein Projekt aufwerten und somit eine dekorative Wirkung haben. Moose, Wolle oder Blütenblätter sind dekorative Elemente. Dies sind also die wichtigen Nebenrollen unseres Theaterstücks. Du ahnst, was noch fehlt: Die Hauptrollenbesetzung. Für die Gestaltung von größeren Projekten und Werkstücken sind **Hauptelemente**, Schmuckblätter oder -blüten unabdingbar. Meistens sind es Blüten, die eine gewisse Eigenwirkung mit sich bringen. Im Verhältnis zu den Dekorationselementen und den Basismaterialien heben sie sich deutlich ab. Sie rücken in den Vordergrund und übernehmen im Arrangement die Hauptrolle. Diese kann aus einer Kombination aus mehreren Hauptblüten oder aus rein einer Sorte bestehen und hängt von der Gestaltung ab.

Manchmal verzichtet man bewusst auf die Auswahl eines Hauptelementes und gestaltet ein nahezu homogenes Arrangement. Hier lädt man den Betrachter zum Entdecken ein, zum genaueren Hinsehen. Man arbeitet mit »gleichberechtigten« Materialien und erzeugt eine naturnahe Wirkung: Eine natürliche Harmonie, in der alles auf seine Weise seinen Platz findet. Ein Beispiel hierfür ist ein Objekt, das ausschließlich aus Gräsern besteht.

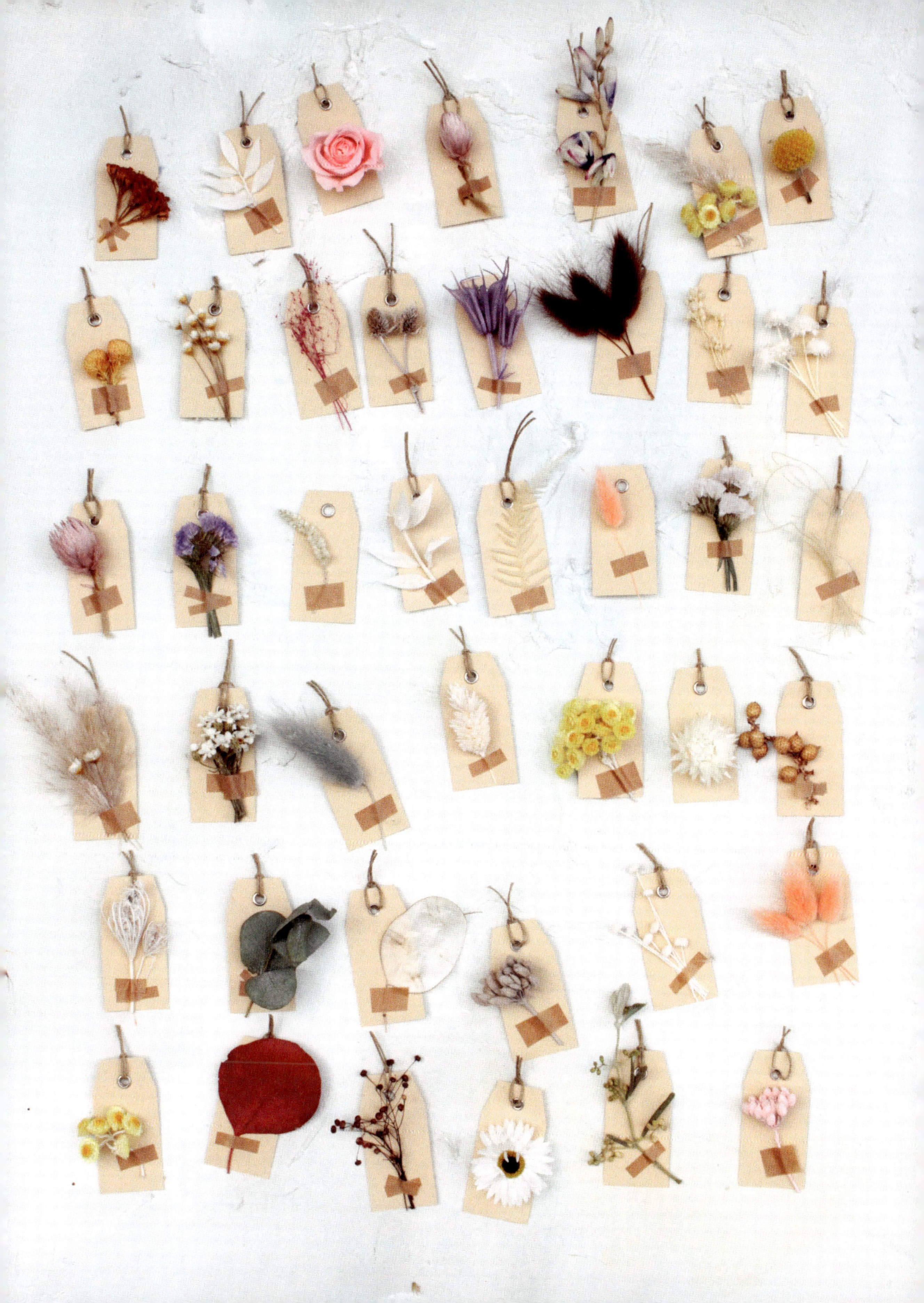

BLÜTEN

Blumen haben Gesichter, schauen in eine Richtung und entwickeln ein charakteristisches Erscheinungsbild. So kann kaum jemand die einzelnen Blätter von Ranunkeln oder Rosen genauer beschreiben, ihre Blütenformen jedoch sind allgegenwärtig. Blüten verarbeiten wir gerne als Trockenblumen, wenn wir eine Hauptrolle oder definierbare Blickpunkte erzeugen wollen. Sie bringen auch im getrockneten Zustand eine natürliche Farbvielfalt mit. Blüten schaffen einen Fokus und lenken unseren Blick auf sich. Ein typisches Beispiel sind Rosen, Strohblumen oder getrocknete Ranunkeln.

Besteht die Blume aus mehreren kleinen Blüten, wie beispielsweise bei der Hortensie, sprechen wir von *Dolden*.

Blüten mit weniger typischem Antlitz wirken dagegen eher wie eine dezente Nebenrolle. Ihr Vorteil ist es, dass sie zarter erscheinen und weniger dominant wirken. Oft wird gerade ihr unaufdringliches Gestaltungspotenzial geschätzt. Ich nenne diese Blüten in diesem Buch »Beiblütler«. Beispiele hierfür sind Strandflieder, Schleierkraut oder die Reisblume. Diese Blüten sind begleitende Dekorationselemente, unterstützen größere Trockenblumen, können aber auch einzeln arrangiert werden, sofern man ihre dezente und liebliche Wirkung in den Fokus setzen möchte.

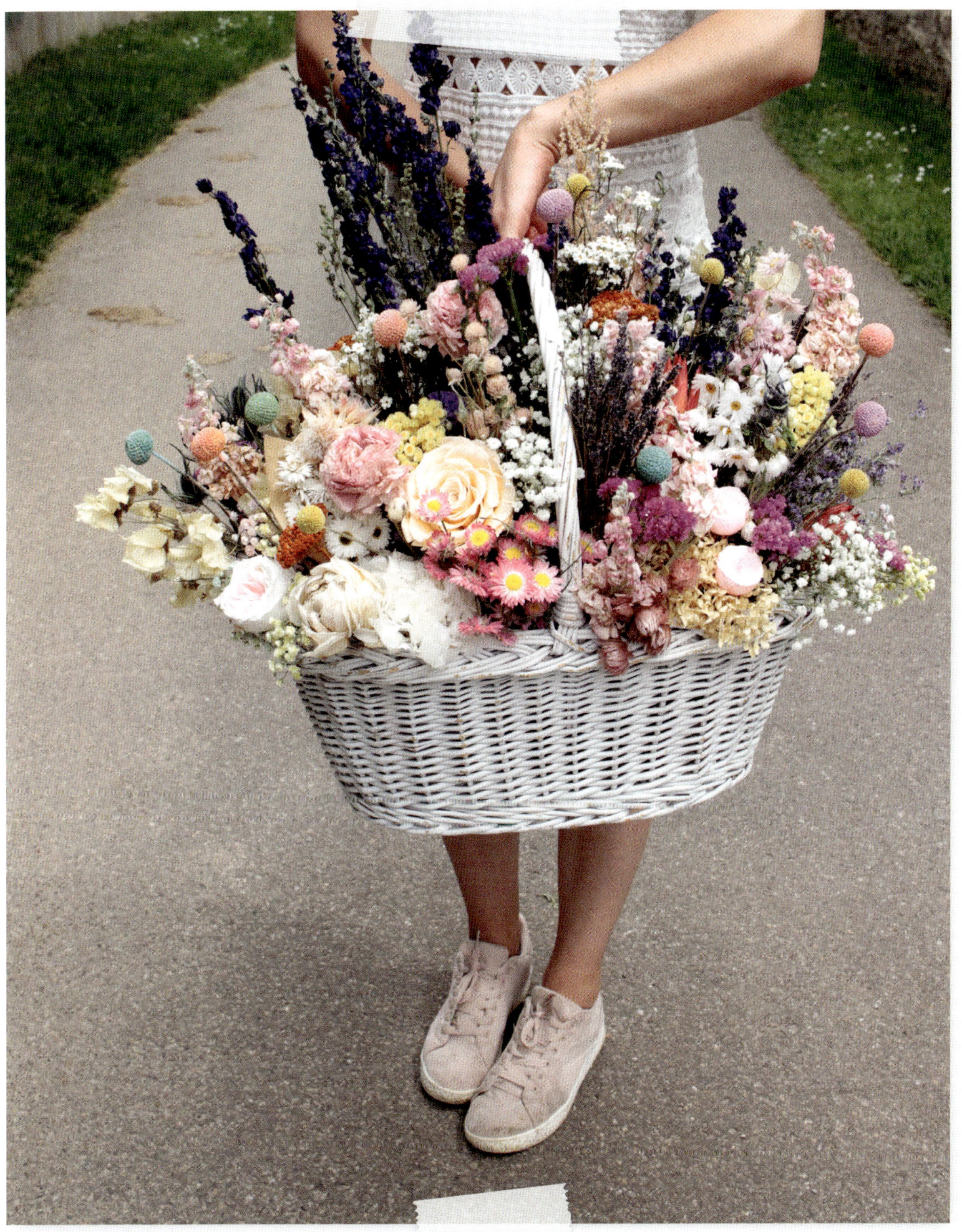

BLÄTTER

Blattstrukturen und-formen sind sehr vielfältig. Als Streuware auf Tischen verteilt oder in Kerzengläser arrangiert erzeugen sie eine schöne verspielte Stimmung. In unseren Kränzen und Sträußen lernst du besonders Eukalyptus kennen. Da dieser mit seinem melierten typischen Grünton von mint bis petrol eintrocknet und seine Farbe lange Zeit behält, ist er besonders beliebt. Im Herbst ist der Eukalyptus neben Eichenblatt und Konsorten eine schöne farbliche Alternative.

Heimische Blätter lassen sich am besten trocknen, indem man sie presst. Am Stiel verlieren sie oftmals ihre Form, schrumpeln ein und werden porös.

Gebleichte Weidenblätter oder Ruskus sind schöne Zierelemente. Besonders märchenhaft und zart sind Farnblätter. Man kann sie im Winter getrocknet sammeln oder im Ladengeschäft gebleicht erwerben. Die elfenbeinfarbene, behandelte Sorte hat einen besonders zarten und umschmeichelnden Charakter.

Zu den exotischeren Blattarten der Trockenfloristik zählen Palmblätter (auch »Sunspear« genannt) in verschiedenen Größen und Sorten. Oftmals sind sie im Herbst gebleicht erhältlich. Sie sind eher störrisch und hölzern und bringen eine Fächerstruktur mit.

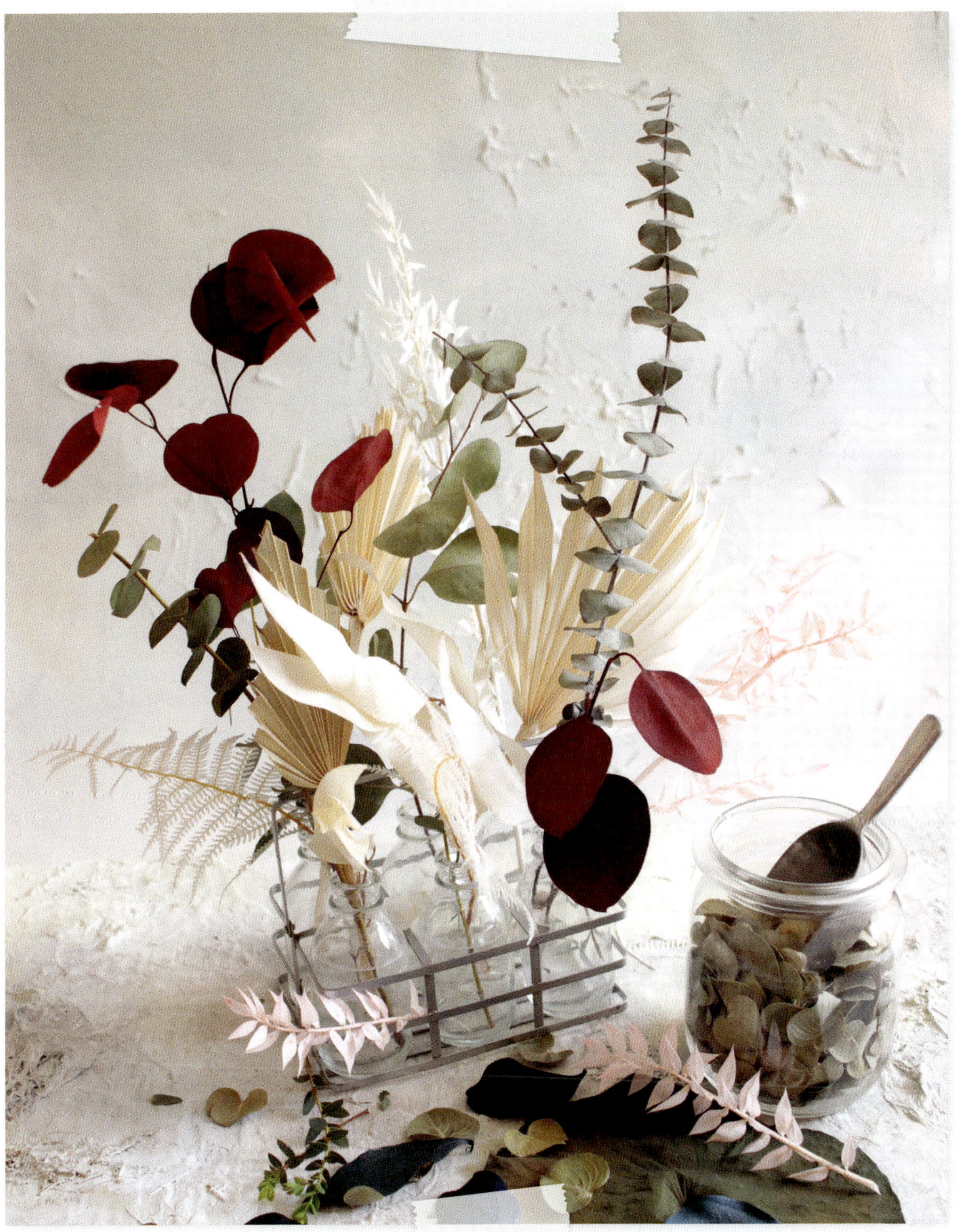

GRÄSER

Unabdingbar in der Trockenfloristik sind Gräser. In dieser Sparte der Pflanzen gibt es unzählige verschiedene Sorten. Besonders interessant sind die Grasähren. Das sind die Samenstände der Gräser, die uns optisch besonders erfreuen. Der Nachteil von Gräsern ist, dass sie oftmals mit der Zeit anfangen zu rieseln. In der Natur ist das unverzichtbar, da der Wind auf diese Weise die Samen davontragen kann und sich die Gräser dadurch vermehren. In der Wohnung und besonders für Heuschnupfengeplagte ist dies allerdings kein Vergnügen. Hier empfiehlt es sich, hauchdünn Klarlack auf die Floralien zu sprühen. Von Haarspray rate ich ab, die Gräser verkleben dadurch.

Unter den Gräsern gibt es die weichen, fast wolkenartigen Gräserkolben, dünngeaderte Sorten wie zum Beispiel das Engelshaar oder Stipa, aber auch in ihrer Form klar definierte und daher charakteristische Sorten wie zum Beispiel das Hasenschwanzgras oder Lagurus.

Außerdem zählen wir zu dieser Rubrik auch Getreidesorten, die wir im Herbst ernten können, wie Hafer, Roggen, Weizen und viele mehr. Sie sind bekannt durch ihre größeren Samenkornhülsen und erzeugen dadurch eine rustikalere Wirkung.

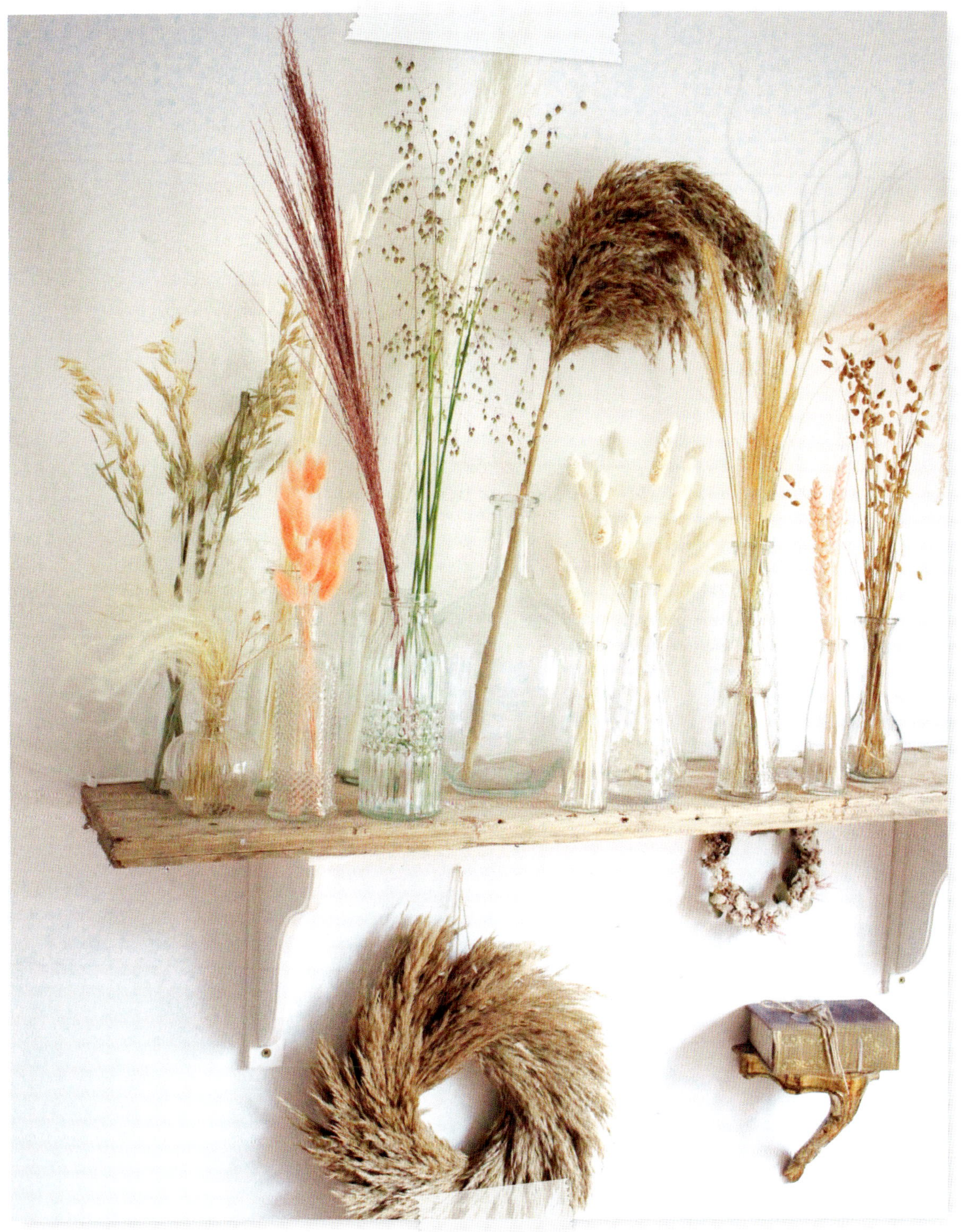

KAPSELN UND FRUCHTSTÄNDE

Besondere Strukturen bringen Kapseln und Fruchtstände mit. Im Herbst bringen exotische, hölzerne und nussartige Materialien oder auch die heimischen Kapseln wie Nigella, Dill, Fenchel oder Mohn charakteristische Akzente in unsere Arrangements. Mit diesen Floralien lassen sich wunderbar Blickpunkte setzen. Kapseln und Fruchtstände zeichnen sich dadurch aus, dass sie in Schoten oder Fruchthülsen ihre Samen umschließen. Die dabei entstehenden Formen sind oft sehr spannend – wir greifen sie gerne auf, um besondere Gestaltungselemente in unsere Arrangements einzubinden.

MOOSE UND WEITERE MATERIALIEN

Moose sind für uns wichtige Werkstoffe oder Basismaterialien. Moosarten sind wunderbar geeignet, um bei Gestecken und Gefäßfüllungen kahle Stellen abzudecken und einzelne Blüten miteinander zu verbinden. Sie erschaffen ein Bett für die Trockenblumen. Geeignet sind Lappenmoos, Islandmoos und Lockenmoos, aber auch Flechten und Baumwolle. Aufgefächerte Baumwollkapseln kann man in naturfarben, aber auch unterschiedlich gefärbt erwerben. Ich empfehle Baumwolle gerne als Gestaltungsmaterial, weil sie einen sanften und liebevollen Rahmen für andere Blumen erzeugt.

Auch Rinden- oder Holzstücke sind natürliche Ergänzungselemente. Hübsche kleine Verzweigungen bringen zum Beispiel Traubenkernstiele mit, die andere Floralien in ihrer Wirkung unterstützen und untermalen können.

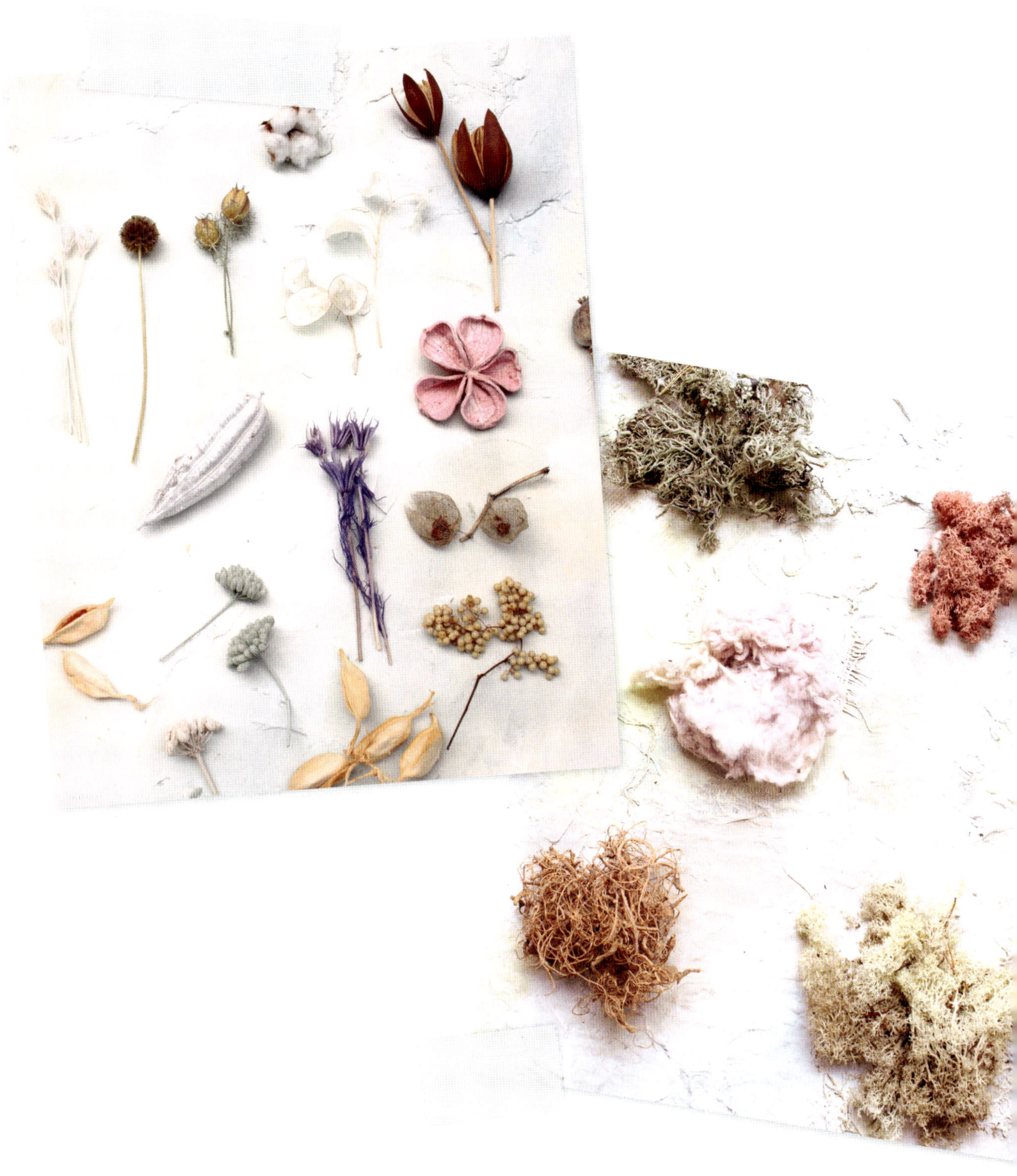

Häufig verwendete Trockenblumen

Blumen	
Hortensien	Hydrangea macrophylla
Strohblumen	Xerochrysum bracteatum
Honig Protea	Protea repens
Schleierkraut	Gypsophilla paniculata
Rose	Rosa canina
Lavendel	Lavandula angustifolia
Strandflieder	Limonium tetragonun
Ranunkel	Ranunculus asiaticus
Freesie	Freesia cultivars

Blätter	
Eukalyptus Arten	Eukalyptus gunnii, Eukalyptus populus
Ruskus	Danae racemosa
Olive	Olea europaea subsp. Europaea
Palmblätter/Sunspear	Borassus flabellifer

Gräser	
Hasenschwanzgras	Lagurus ovatus
Hirse	Setaria italica
Weizen	Triticum aestivum
Pampasgras	Cortaderia selloana

Kapseln	
Mohn	Papaver somniferum
Jungfer im Grünen	Nigella damascene
Skabiose	Scabiosa stellata

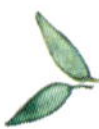

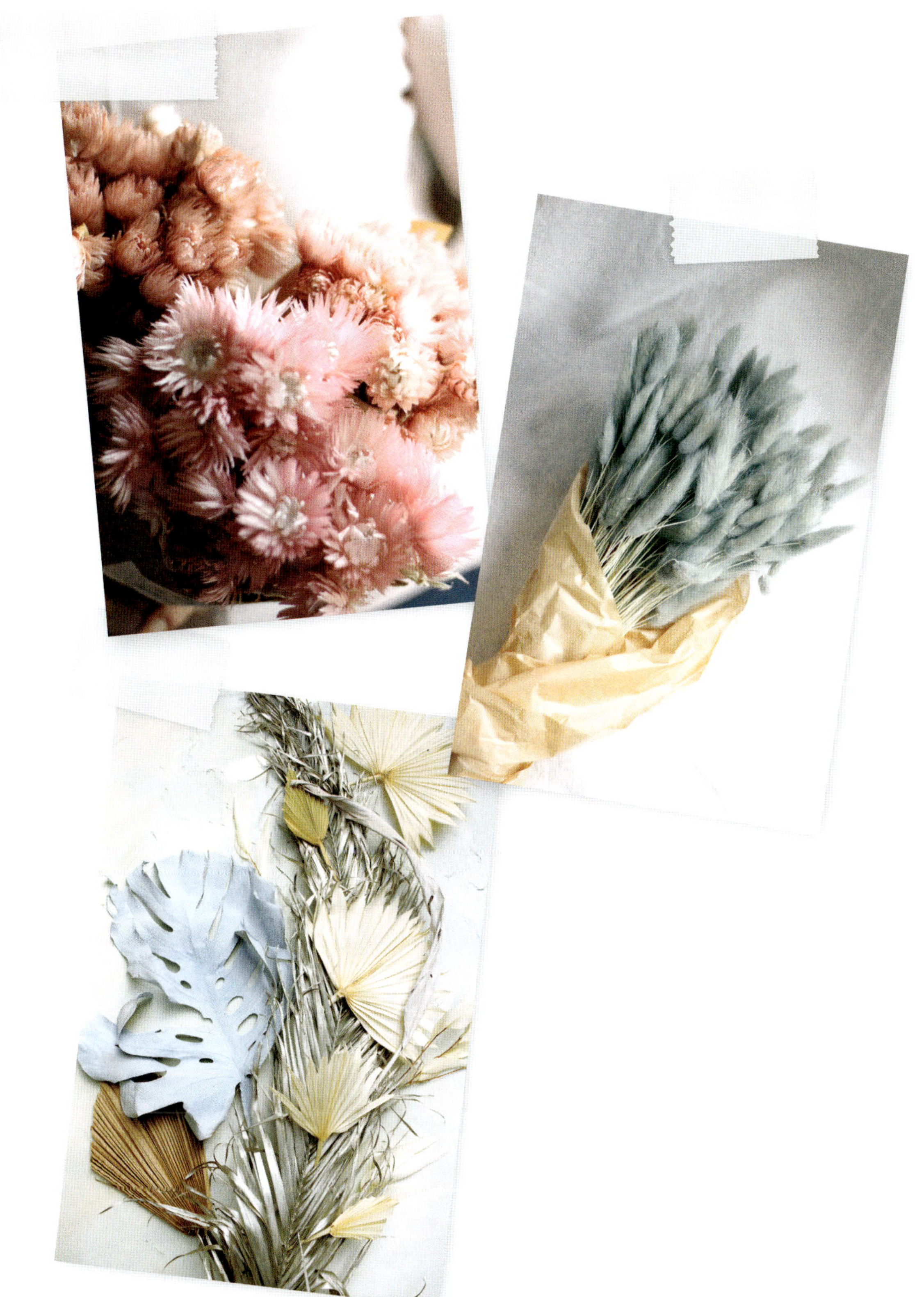

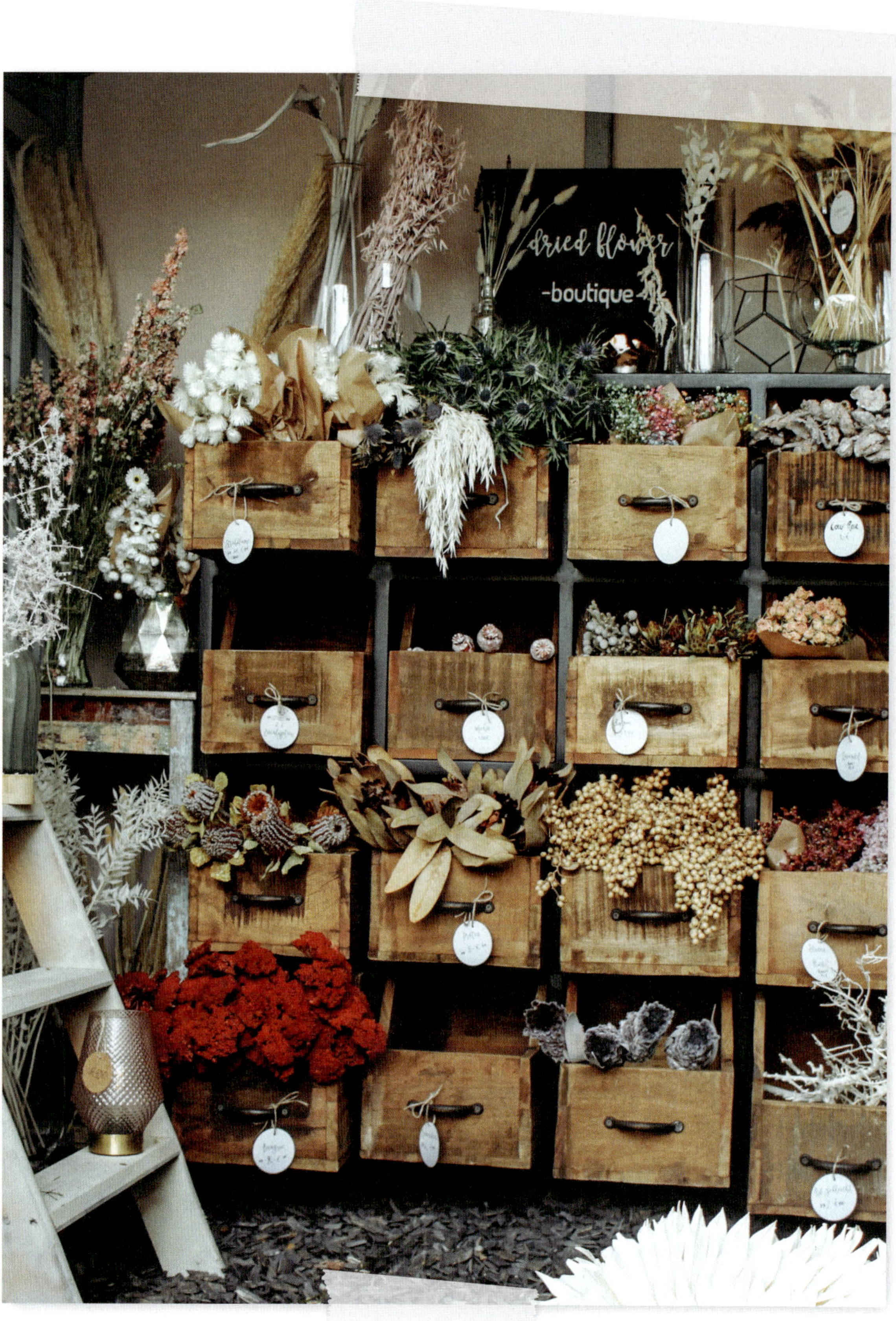

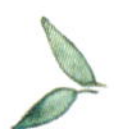

Blumen trocknen, färben und lagern

Blumen trocknen

Jede Blume benötigt andere Voraussetzungen für den Trockenvorgang. Ganz allgemein aber gilt: Die Materialien müssen frei von Feuchtigkeit sein. Nasse Stiele müssen gut abgetrocknet oder luftig ausgebreitet werden.

Je mehr Feuchtigkeit eine Pflanze beinhaltet, umso schwieriger ist es, sie zu trocknen. Besonders dickfleischige Blätter oder Blüten verlieren durch das verdunstende Wasser ihre Zellstabilität und ihre Form. Es gilt also Pflanzenteile zu finden, die besonders wenig Wasser beinhalten.

Schauen wir in die Natur, so entdecken wir im Sommer bereits viele Gräser und Ähren, die gereift sind und ihre Feuchtigkeit verloren haben. In diesem Bereich ist es am einfachsten, getrocknete Materialien zu finden. Ebenso bei Hölzern, Zweigen oder Nüssen. Wichtig ist, dass sie sowohl innerlich als auch äußerlich von Feuchtigkeit befreit bleiben. Regnet es auf einen Bund Weizen und du lagerst ihn feucht ein, so kann er von Schimmel befallen werden und verderben.

Wollen wir Blätter trocknen, so gilt: je ledriger und zäher das Blattwerk erscheint, umso besser eignet es sich zum Trocknen, da die Stabilität auch ohne das Wasser in den Zellen gegeben ist.

Bei Blüten, von denen wir uns wünschen, dass sie ihre Schönheit und Farbkraft erhalten, ist es am schwierigsten, das ersehnte Ergebnis zu erzielen. Hier heißt es: Geduldig probieren und experimentell entdecken.

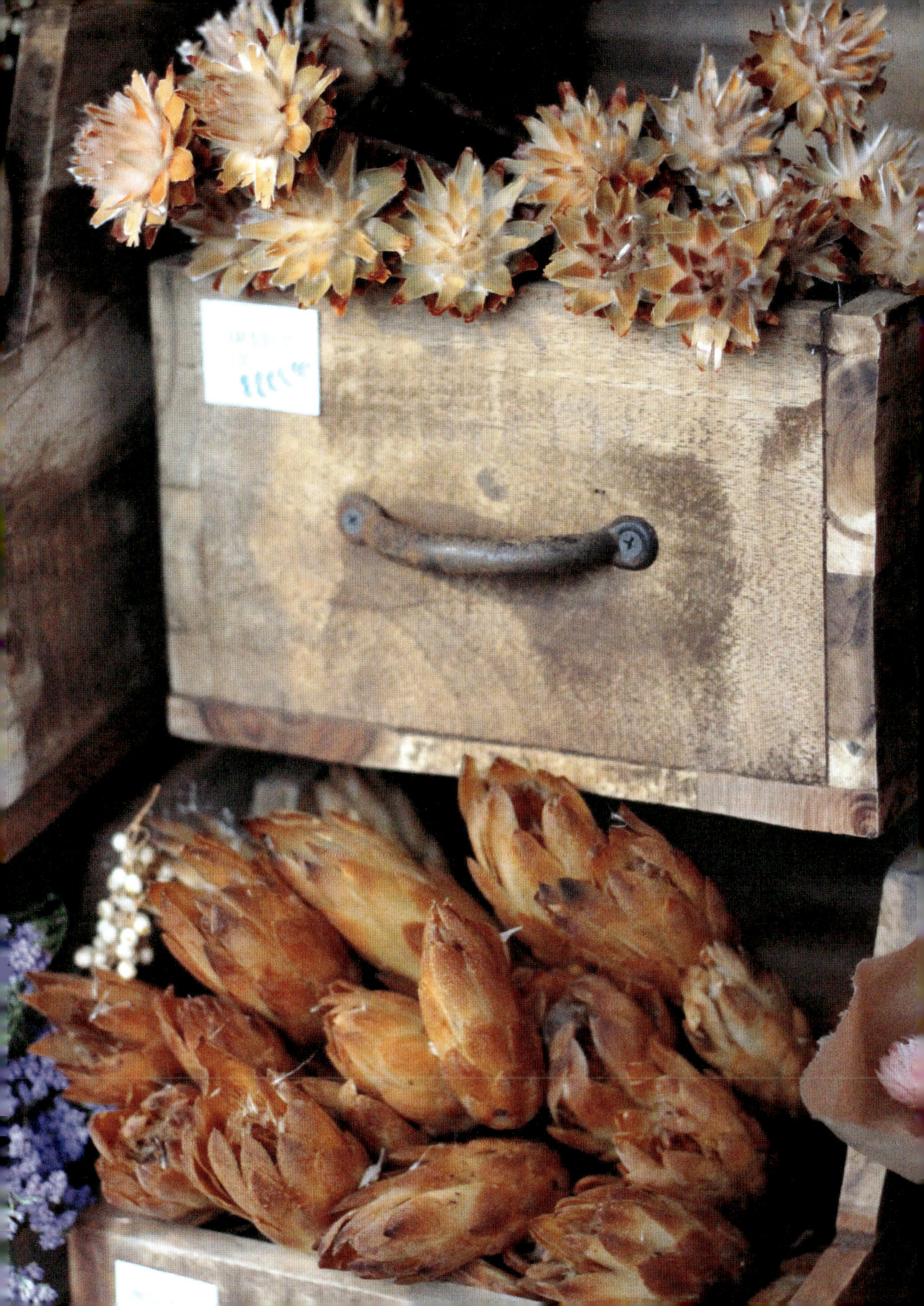

Wenn du die folgenden Grundregeln befolgst, gelingt es dir bestimmt, deine eigenen Blumen zur trocknen:

1. Äußere Nässe vermeiden: Die Pflanzenteile müssen durch Abtrocknen oder Ausbreiten so weit wie möglich von äußerlicher Feuchtigkeit befreit werden.

2. Das richtige Alter der Pflanzenteile abwarten: Das zu trocknende Material muss eine gewisse Blütenstabilität und Reife mitbringen. Die ersten Blüten einer Pflanze sind meist noch zu instabil und zu zart, um sie trocknen zu können. Der Erntezeitpunkt sollte vor dem vollständigen Verblühen oder Verwelken liegen oder erst dann, wenn Pflanzenteile wie zum Beispiel Gräser oder Ähren bereits an der Pflanze getrocknet und gereift sind.

3. Den richtigen Zeitpunkt zum Schneiden abwarten: Der optimale Schnittzeitpunkt ist der Abend, nach einem nicht zu heißen Tag. Hohe Temperaturen oder zum Beispiel der Morgentau beeinträchtigen die Stabilität von Blumen und Blättern.

4. Platz einplanen: Ausreichend Platz zum Ausbreiten der Materialien ist notwendig, so dass Feuchtigkeit gut verdunsten kann. Außerdem ist es wichtig, dass die geernteten Schätze keine Verletzungen oder Druck durch andere Materialien erleiden. Das beeinträchtigt das Ergebnis des Trockenvorgangs.

Im Handel gibt es bereits getrocknete Blumen zu erwerben. Dazu gehören auch die gefriergetrockneten Blumen. Bekannt sind insbesondere gefriergetrocknete Rosen, es gibt aber auch Hortensien, Farne, Nelken und viele weitere Blüten. Die Blumen sind aufgrund der aufwändigen Herstellungsart besonders kostspielig. Außerdem ist zu beachten, dass sie sehr feuchtigkeitsempfindlich sind und sich damit nicht für Türkränze oder Arrangements eignen, die außen oder in Feuchträumen dekoriert werden sollen. Getrocknet werden die im Handel erhältlichen Trockenblumen zumeist durch einen chemischen Vorgang mithilfe von flüssigem Stickstoff.

Selbst getrocknete Blumen sind somit nachhaltiger. Trau dich, selbst zu experimentieren! Auf den folgenden Seiten stelle ich dir ein paar Techniken zum Trocknen genauer vor.

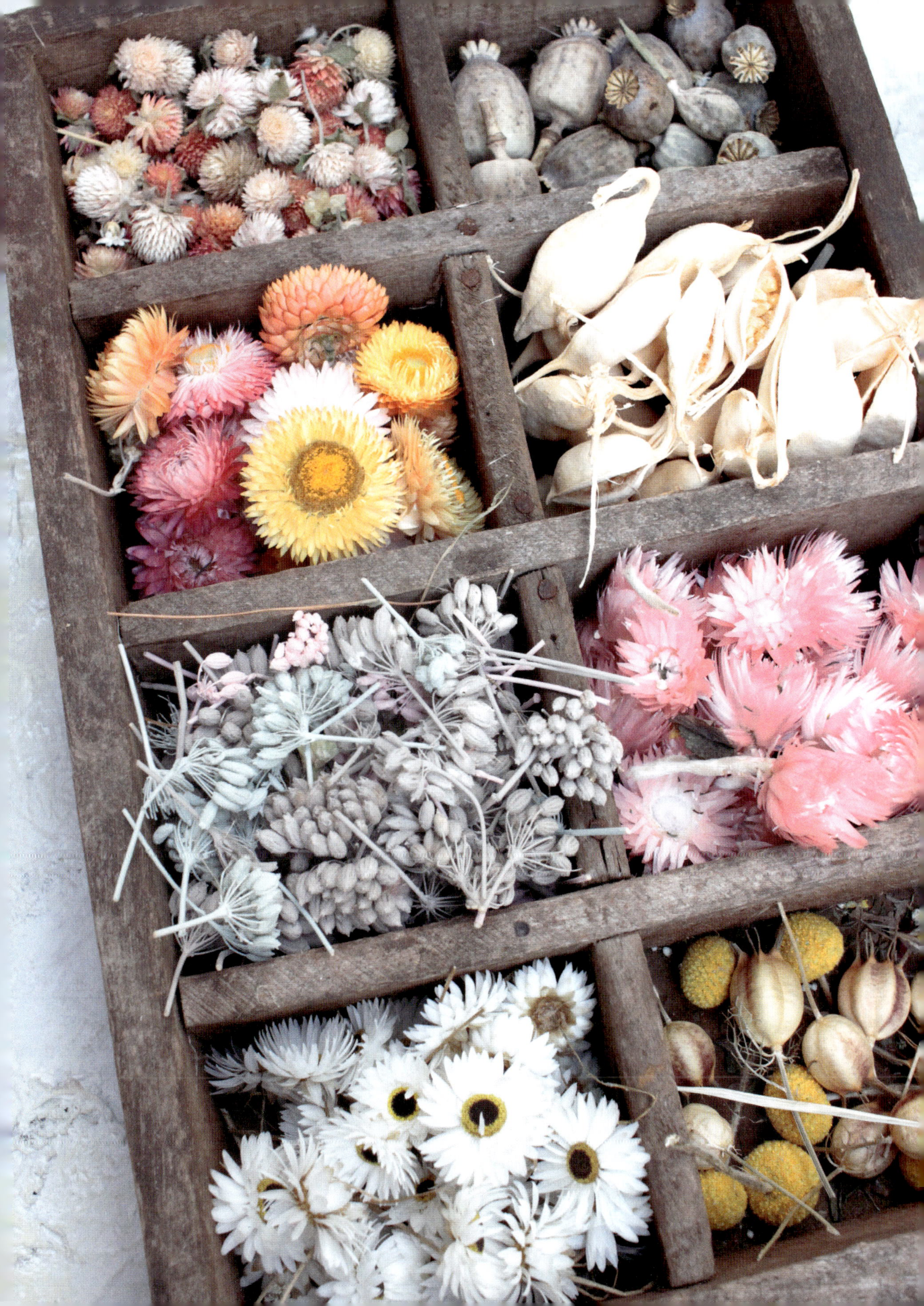

BÜNDELN

Durch das Bündeln trocknen die Stiele gerade ein, sie erstarren im Trockenvorgang. Wir alle kennen die Lavendelbunde aus der Provence, die zum Trocknen aufgehängt werden. Die zu trocknenden Floralien werden zu einem Bündel gepackt, mit einer Juteschnur umwickelt und kopfüber an einem trockenen und mittel temperierten Ort aufgehängt. Die Schwerkraft sorgt beim Aufhängen dafür, dass die Stiele gerade bleiben und zum Beispiel Lavendel seine Blütenköpfe nicht hängen lässt.

Wichtig ist, einen lichtarmen Ort zu wählen. Bei zu viel Licht verdorren die Pflanzenteile häufig und bleichen aus, statt dass die Feuchtigkeit langsam aus ihnen weichen darf. Die Blätter verbrennen bei zu viel Sonnenlicht und Hitze.

Für das Trocknen in aufgehängten Bündeln eignen sich besonders Pflanzen mit dünnen Stielen, wie zum Beispiel Lavendel, Salbei, Calendula, Dill, Fruchtstände von Mohn und Nigella, Gräser, aber auch Ähren.

Nachdem deine trocknenden Blütenbündel ein paar Tage aufgehängt waren, ist es wichtig, die Bindestelle zu kontrollieren und nachzuziehen. Durch das Verdunsten der Feuchtigkeit werden die Stiele dünner und so kann es leicht passieren, dass sie aus dem Bund herausrutschen und zu Boden fallen. Daher ist es gut, wenn du deine Blumen alle zwei bis drei Tage fester mit Schnur umwickelst. Je nach Erntezeitpunkt und Luftfeuchtigkeit deines Trockenplatzes brauchen die meisten Blüten zwei bis vier Wochen, um im Bund zu trocknen. Ich empfehle dir, sie lieber länger hängen zu lassen oder nach dem Abhängen luftig in ein Gefäß zu stellen, statt sie sofort einzulagern. Dicht gepackt kann die Restfeuchtigkeit nicht gut verdunsten.

»Tipp«

Bei filigranen und empfindlichen Pflanzen, wie zum Beispiel dem Rittersporn, hängt man am besten die Blüten einzeln auf. Gut geeignet ist hierfür eine Wäscheleine.

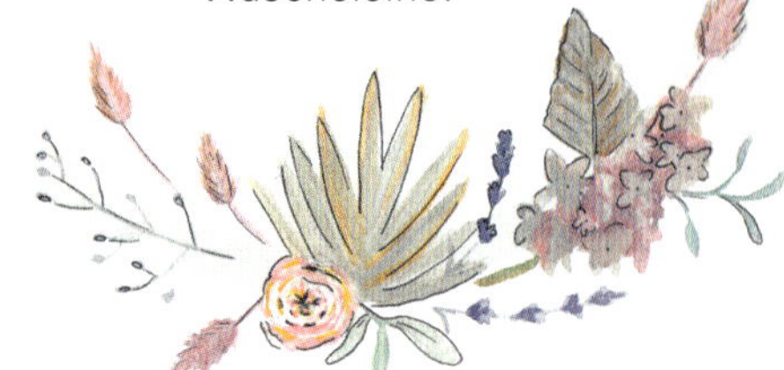

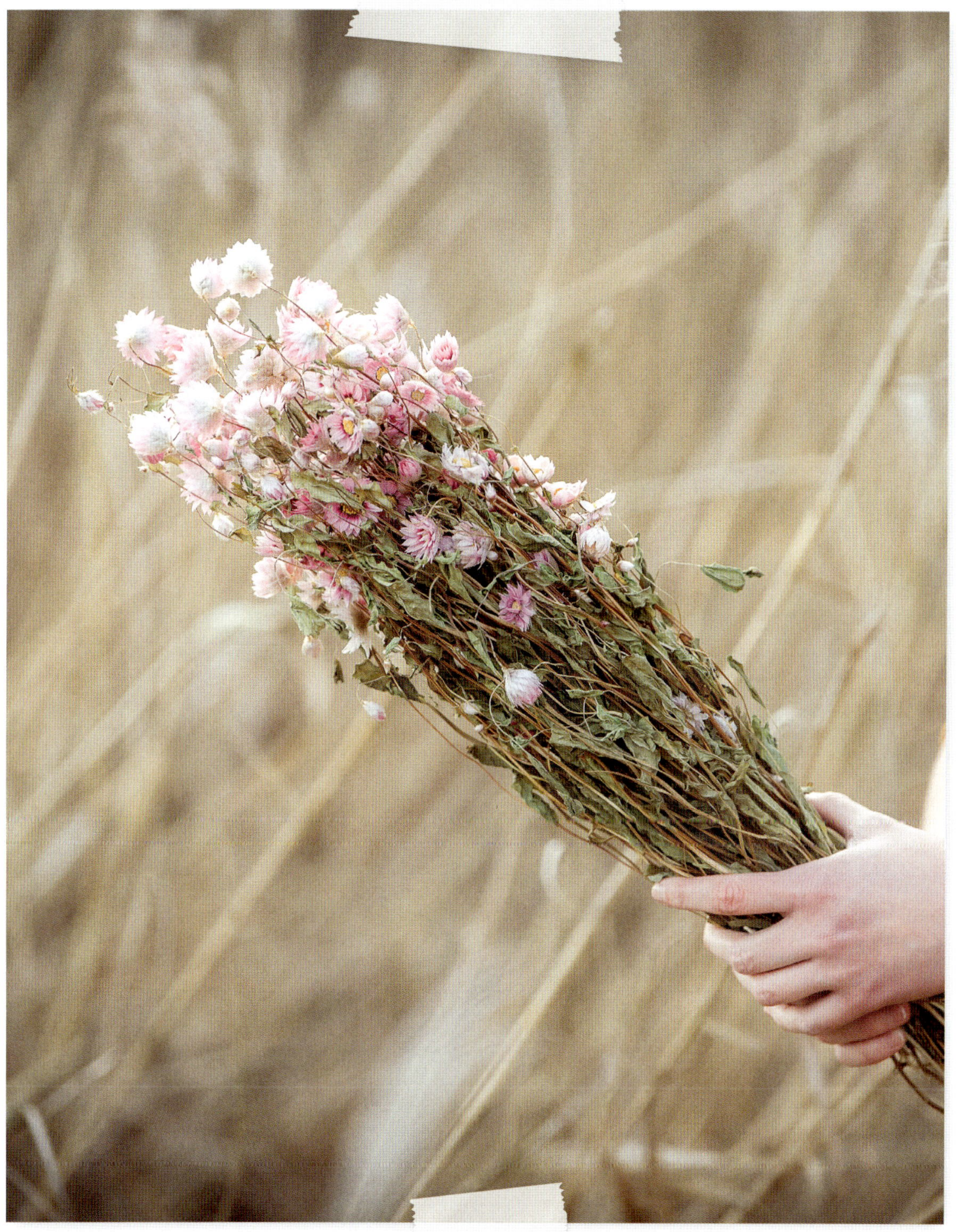

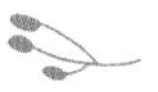

TROCKNEN MIT SALZ ODER SAND

Grobkörniges Salz oder feiner Vogelsand sind wunderbare Hilfsmittel, um Blüten zu trocknen und ihnen Feuchtigkeit zu entziehen. Bettest du Blüten in Salz, kannst du ihnen zudem im Trockenvorgang Stabilität verleihen. Dafür schichtest du das Salz vorsichtig um sie herum.

Besondere Blüten wie Seerosen kannst du trocknen, indem du ein Salz-Sand-Gemisch zwischen ihre Blütenblätter pustest. Normalerweise erfolgt nach dem Verlust des Wassers in den Zellstrukturen der Blume ein Erschlaffen der Blüte. Das ist der Vorgang, den wir als »Verwelken« kennen. Der eingesetzte Sand verhindert dies – er entzieht die Feuchtigkeit und sorgt gleichzeitig auch für den Halt der Blüte, bevor sie ganz eintrocknet.

Stellst du Stiele (wie Schleierkraut oder Strandflieder) in Vogelsand, nachdem sie besonders schön aufgeblüht sind, so bleiben sie in ihrer natürlichen Position. Der Sand verhindert außerdem ein Schimmeln der Stiele. Optimal ist es, die Pflanzenteile mit der offenen Schnittstelle in eine Mischung aus Sand und Salz (80:20) zu legen. Streusalz ist hierfür gut geeignet.

Wichtig

Bei einer Trockenlegung von Blumen auf Sand oder Salz ist ein konstant trockenes und warmes Klima wichtig. Die Pflanzenteile dürfen außerdem nicht völlig mit Sand bedeckt sein, da die Feuchtigkeit sonst nicht verdunsten kann.

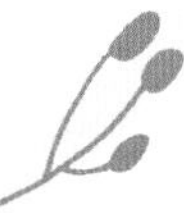

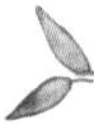

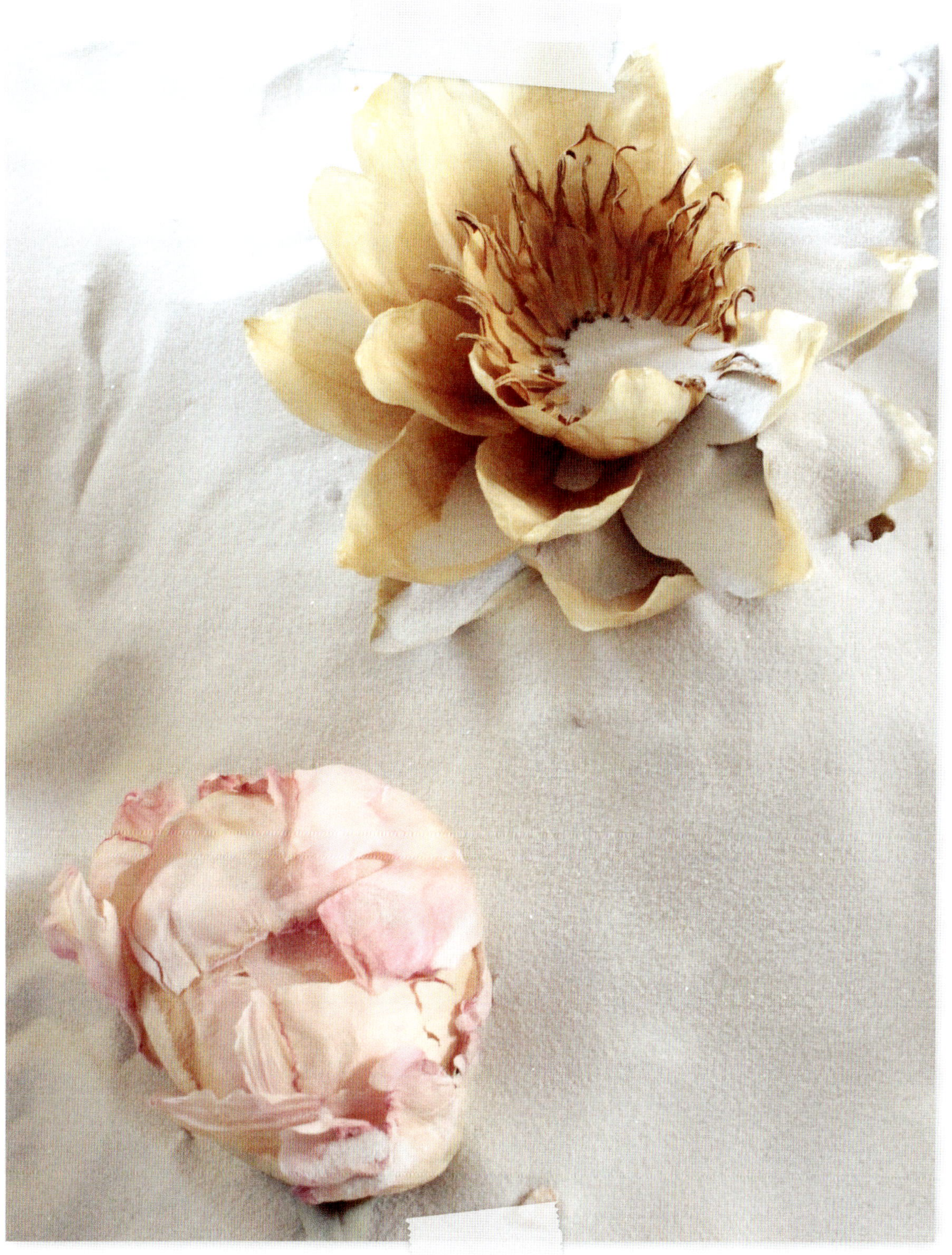

TROCKNEN IM EIERKARTON

Dieser Trick ist einer meiner liebsten Techniken zum Trocknen von Blüten. Besonders Hauptelemente, also schmuckvolle Blüten wie Rosen und Ranunkeln, lassen sich gut auf diese Weise trocknen.

Entscheidend für das Trocknen im Eierkarton ist der Erntezeitpunkt. Ist die Blüte zu weit aufgeblüht, werden die einzelnen Blätter nicht mehr gehalten, und die Blüte fällt auseinander. Ist sie jedoch zu knospig, sind die Blätter zu dicht und zu eng beieinander, die Blüte würde beim Trockenvorgang schimmeln. Wenn die Rose oder Ranunkel am schönsten blüht, ist es die optimale Zeit, sie weiterzuverarbeiten.

Dafür schneidest du den Stiel direkt unter der Blüte ab. Achte dabei darauf, dass die Blütenblätter noch zusammen gehalten werden. Als Nächstes setzt du die Blüte in den Eierkarton. Das Papier verhindert einen Feuchtigkeitsstau und entzieht der Blüte Wasser. Außerdem erhält die Form des Kartons auf wunderbare Weise die Blütenform und verleiht ihr Halt.

Ist die Blume etwa 12 Tage getrocknet und weist keine feuchten Stellen mehr auf, kannst du mit einem Heißkleber einen kleinen Punkt auf die Blütenunterseite setzen. Das sorgt für Festigkeit bei den zarten Blättern und bietet außerdem die Möglichkeit, einen Draht oder kleinen Holzstab anzukleben. Dieser hilft dir später beim Verarbeiten als Blütenstielersatz.

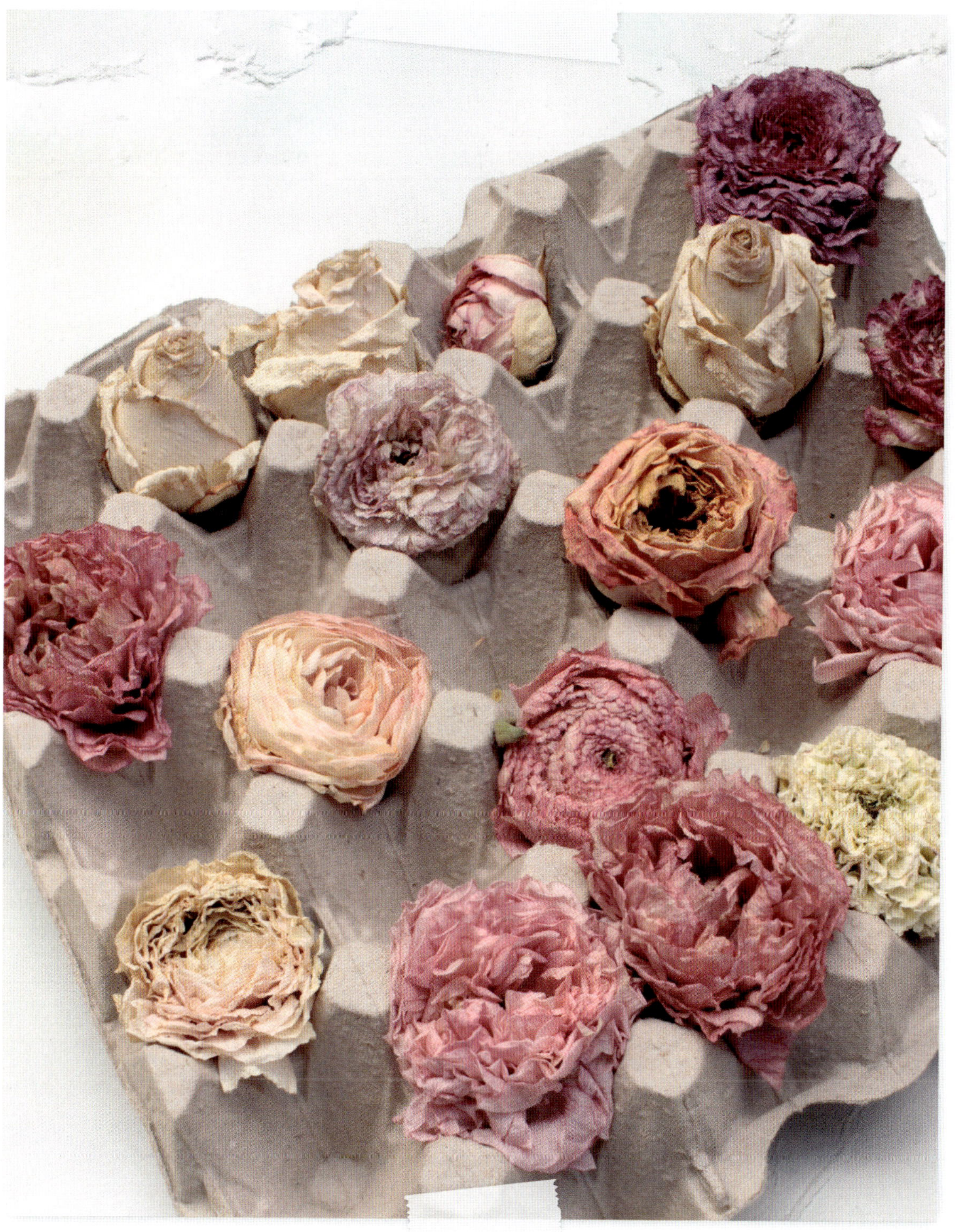

PFLANZEN PRESSEN

Das Pressen von Blumen und Blätter kennen wir wohl alle. Früher haben wir sie zwischen Buchseiten gelegt, manchmal mit einem Löschpapier. So schlummern wohl noch so manche Herbstblätter aus Kindheitstagen vergessen in alten Bücherregalen. Diese Technik mag veraltet sein, doch sie bereitet sehr viel Freude. Schon nach wenigen Wochen ist der Effekt sichtbar, und wir halten pergamentartige Blüten in den Händen. Je dünner die Pflanzenteile, desto besser und zarter lassen sie sich pressen. Hornveilchen, Eichenblätter, Vergissmeinnicht-Blüten und viele mehr werden so zu kleinen Kostbarkeiten.

Eine Blumenpresse ist leicht selbst gebaut. Du brauchst dazu nur zwei Sperrholzbretter, vier Gewindeschrauben mit Muttern und Unterlegscheiben und einen Akkubohrer. Mit dem Bohrer bohrst du jeweils vier Löcher in die Ecken der beide Sperrholzbretter. Hast du ein Brett mit den Löchern versehen, so zeichne sie mit einem Bleistift auf dem zweiten an, damit sie genau übereinander passen. Ich befestige auf den Sperrholzbrettern gerne mit Malerkreppband ein Stück Vliestapete ohne Struktur. Zwischen die beiden Holzbretter kannst du nun so viele Papierbögen packen, wie du Blätter pressen möchtest. Die Blüte oder das Blatt legst du jeweils zwischen zwei Lagen Papier. Achte auf ausreichend saugfähige Papierlagen, bevor du wieder eine Blüte oder ein Blatt auf dieselbe Stelle legst. Am Ende ziehst du die Schrauben fest an und erzeugst so den Druck. Warte etwa zehn Tage und erfreue dich am Ergebnis.

Wichtig

Als saugfähiges Papier eignen sich auch farblose Servietten oder Küchenpapier. Denke bei Zeitungspapier daran, dass die Druckerschwärze auch auf deine Blüten abfärben kann. Und: Je mehr Blumen du geschichtet hast, umso länger musst du auf deine getrockneten Blüten warten.

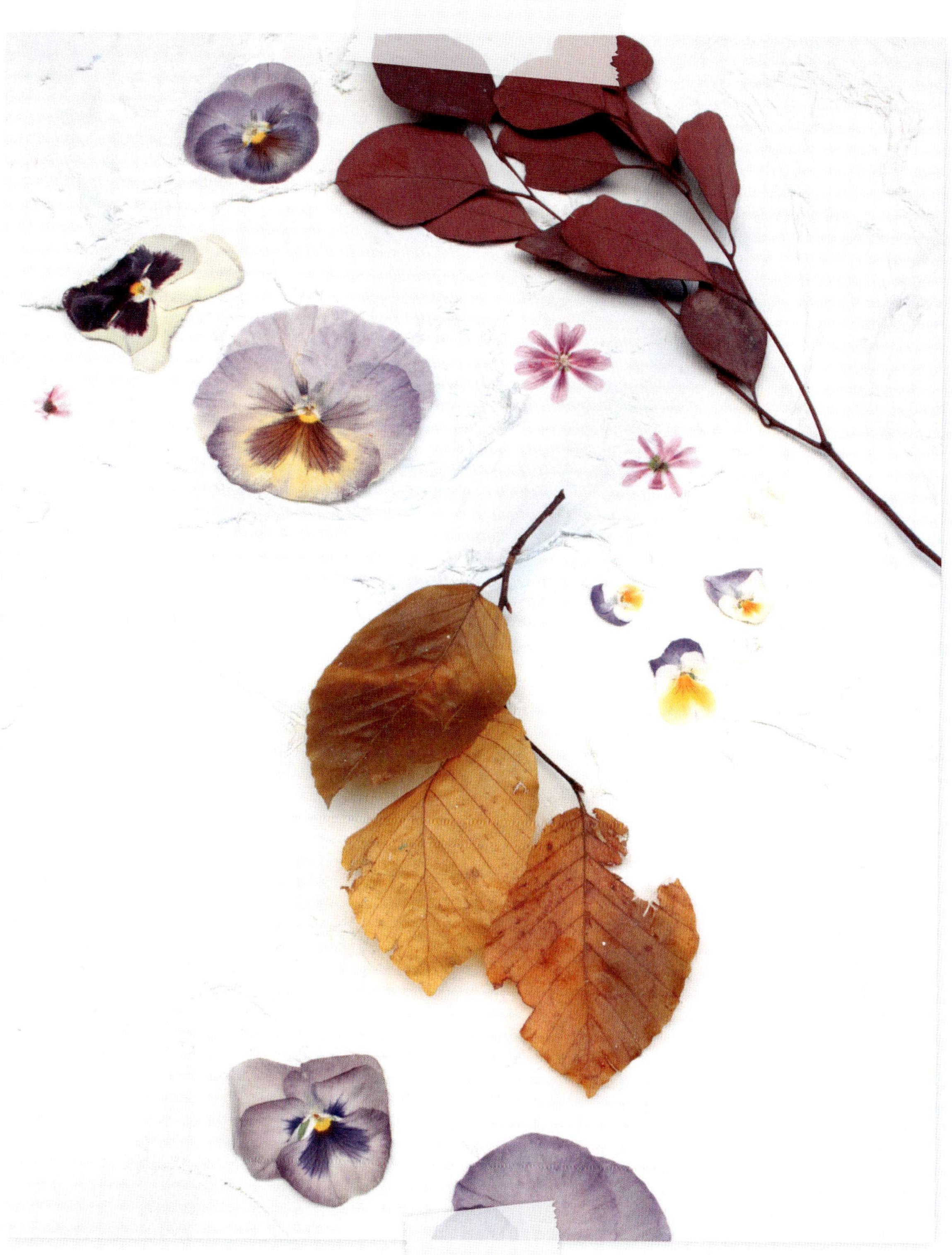

Blumen färben

Blumen einzufärben bedarf Geduld und Experimentierfreude. Neben Sprühlack, mit dem wir in der Weihnachtszeit Floralien, Nüsse oder Zweige versehen, gibt es noch zahlreiche weitere Färbemethoden. Hast du Lust, diese zu entdecken? In diesem Kapitel darfst du wieder experimentieren wie als Kind und voller Entdeckerfreude mit den Farben umgehen.

FARBIGES WASSER

Sicher kennst du aus deiner Kindheit das Experiment, kleine Gänseblümchen in blaue Tinte zu stellen und dabei zuzusehen, wie sie sich über wenige Tage hinweg einfärben. Auf dieselbe Weise können wir Blüten vor dem Trocknen einfärben.

Du benötigst dazu lediglich helle Blüten, wasserlösliche Farbe und ein Marmeladenglas. Geeignete Blüten sind beispielsweise Nelken, Rosen oder auch Schleierkraut. Als Farbe setzt du am besten Lebensmittel- oder Wasserfarbe ein. Auch Batikstofffarbe eignet sich, diese erhältst du als kleine Tabs im Bastelgeschäft. Wichtig ist, dass die Farbe gut verdünnt und umgerührt wird. Die Helligkeit des Wassers hat nichts mit der späteren Farbintensität der Blüten zu tun. Je mehr Wasserteilchen die Farbpigmente bewegen, umso einfacher kann der Stiel diese zur Blüte transportieren, wo die Farben dann zum Vorschein treten.

Kürze die Stiele, bevor du die Blüten ins farbige Wasser stellst. Je kürzer der Weg zur Blüte ist, umso leichter kann sie das farbige Wasser transportieren. Auch eine lauwarme Wassertemperatur hilft der Pflanze beim Transport der Farbe.

Damit sich die Farbpartikel nicht im Laufe der Zeit am Boden des Glases absetzen, solltest du das farbige Wasser in regelmäßigen Abständen umrühren.

Zu guter Letzt: Habe Geduld und sehe zu, wie sich die Blüte verändert. Nach und nach wird ihre Farbe intensiver. Hat sie das gewünschte Ergebnis erreicht, kannst du sie herausnehmen und für den Trockenvorgang vorbereiten.

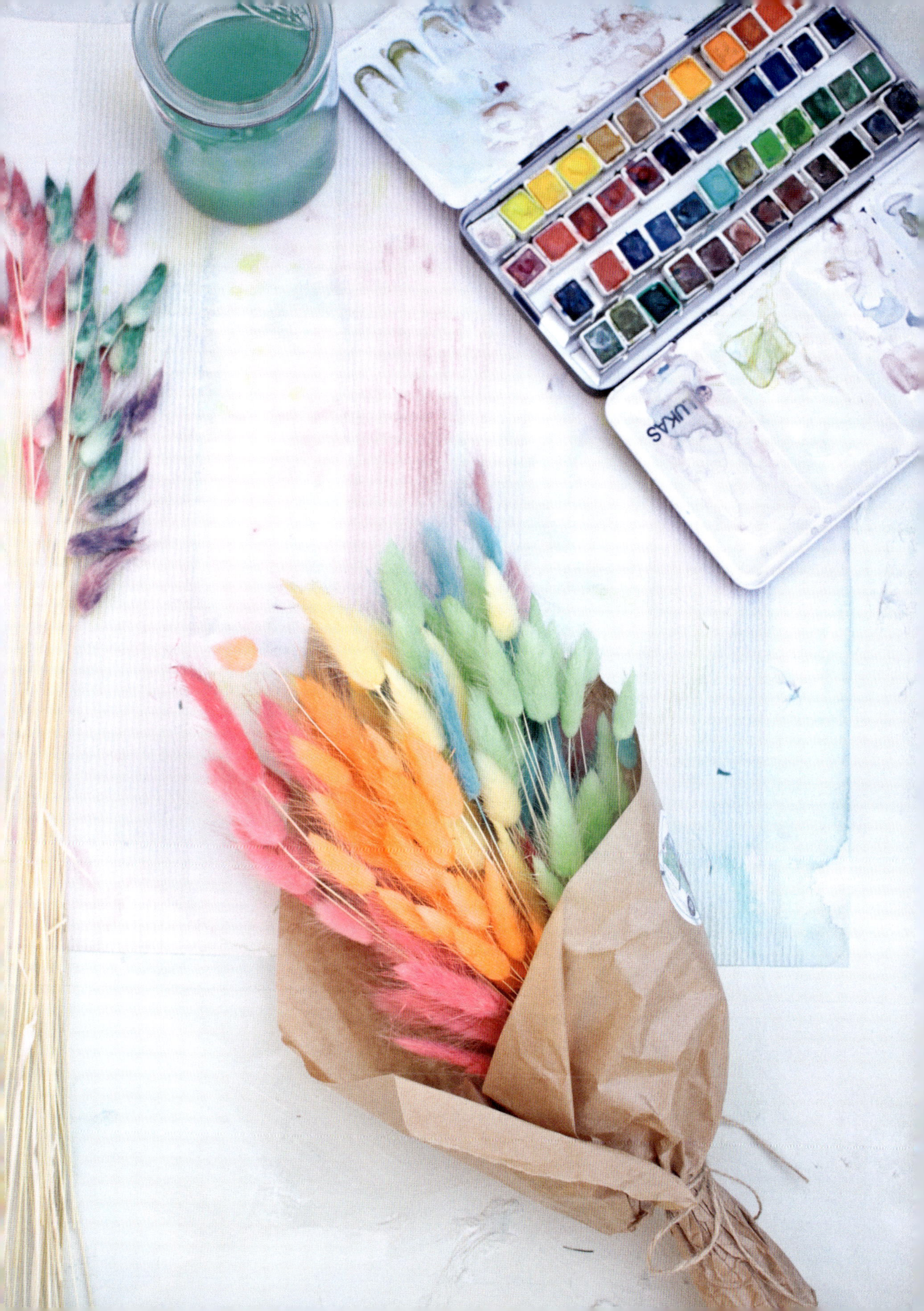
LUKAS

PFLANZEN BLEICHEN

Besonders schön sind sonnengebleichte Pflanzenteile. Sie wirken edel und fein, obwohl sie sonst (ohne Bleichen) braun und rustikal erscheinen. Für das Bleichen gibt es zwei Möglichkeiten.

Für die erste Methode legst du die noch frischen Stiele (zum Beispiel Farnblätter) in Bleichmittel. Einfach erhältliche und gut geeignete Bleichmittel sind beispielsweise Blondierungen für Haare oder Textilbleiche. Beides bekommst du in Drogeriegeschäften. Wenn du das Bleichmittel in eine flache Saatschale füllst, kannst du deine Blätter darin einlegen und anschließend in der Sonne auf einem wasserfesten Untergrund zum Trocknen ausbreiten. Die Besonderheit an dieser chemischen Behandlung ist, dass frische Pflanzenteile ihre Flexibilität auch weiterhin behalten. Das Farbergebnis ist ein cremigweißer Farbton bis hin zu einem klaren Weiß, je nachdem, wie lange die Pflanzenteile dem Bleichmittel und der anschließenden Sonne ausgesetzt sind. Wichtig beim Bleichen: Handele vorsichtig gegenüber der eigenen Gesundheit und der Umwelt. Schutzhandschuhe und das Abdecken von Oberflächen sind notwendig. Beachte unbedingt die Packungsbeilage und führe dieses Experiment nicht mit Kindern durch. Außerdem solltest du alte Kleidung anziehen, da auch Textilien ausbleichen können.

Im Blumengeschäft kannst du bereits gebleichte Materialien erwerben. Dazu gehören Farne, Hortensien, Lagurus-Gräser und eine Vielzahl weiterer Blüten.

Eine weitere, natürlichere Methode ist es, Pflanzen konstant dem Sonnenlicht auszusetzen. Hortensienblüten wirken edel cremefarben, werden sie dauerhaft dem Sonnenlicht ausgeliefert. Wichtig ist, dass die Blüten bereits im Vorfeld getrocknet werden und nicht vollständig braun sind. Am Strauch trocknend werden Hortensien dunkelbraun und verbrennen im Sonnenlicht. Sind sie schonend und geschützt von Umwelteinflüssen bereits getrocknet (hierfür eignet sich das Aufhängen), und werden sie anschließend in einer Vase regengeschützt ins Freie gestellt, bleichen sie auf besondere Weise aus. Den gleichen Effekt erhält man beim Versuch, getrockneten Eukalyptus an der Sonne zu bleichen. Dieser bekommt oftmals einen altrosafarbenen Hauch.

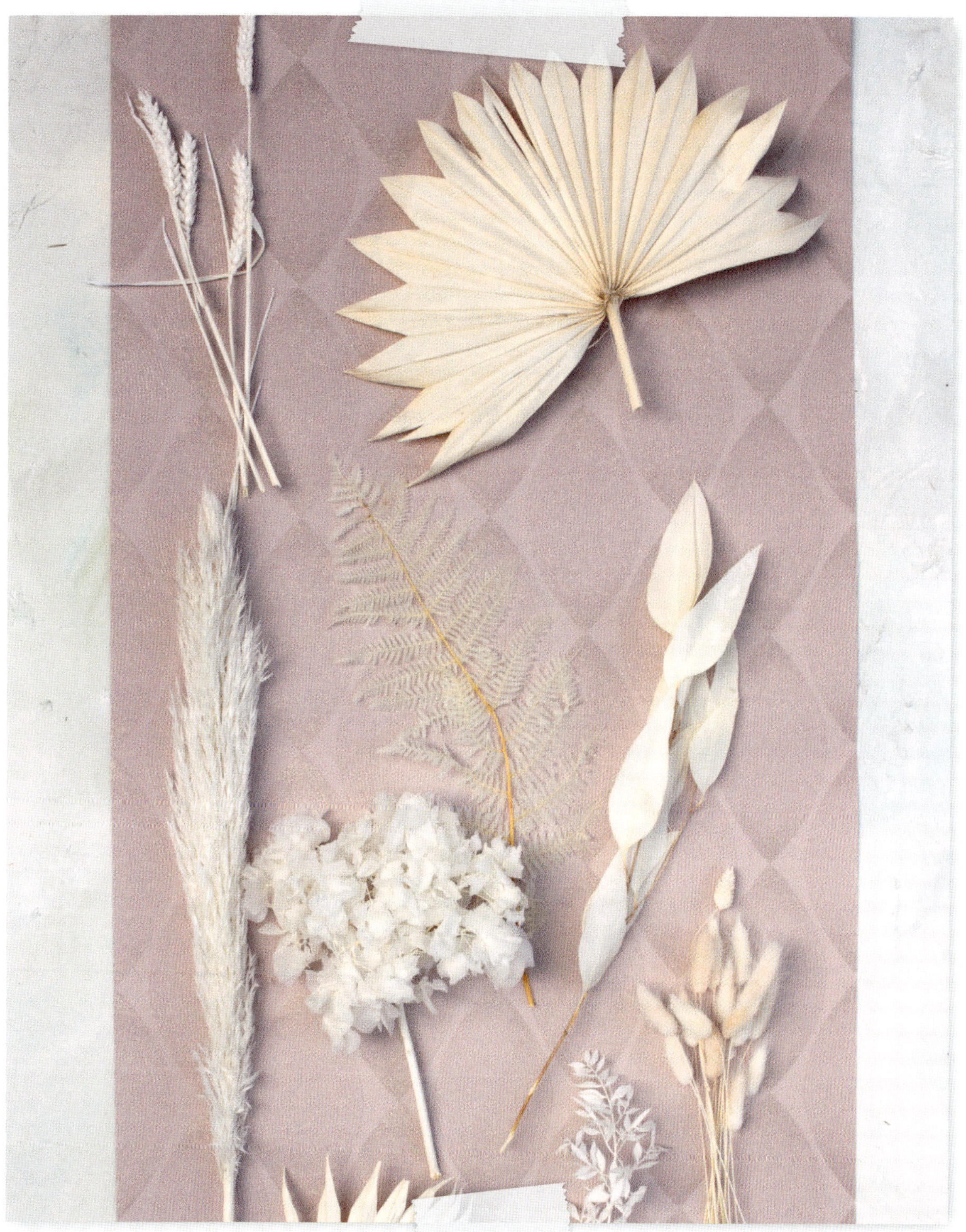

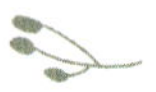

PFLANZENTEILE BESPRÜHEN

In der Weihnachtszeit sprühen wir Metalllack und weiße Farbe auf Zapfen und Nüsse. Aber auch sonst kann Sprühfarbe in unterschiedlichen Farbnuancen verwendet werden, um unsere getrockneten Blüten und andere Pflanzenteile einzufärben.

Bei der Wahl einer Sprühfarbe ist es wichtig, auf eine möglichst geringe Umweltbelastung zu achten. Flächen, auf denen du sprühst, sollten ausreichend abgedeckt werden. Wusstest du, dass Sprühflaschen recycelt werden können? Du kannst die leere Sprühdose einfach wieder im Baumarkt abgeben. Hier wird für eine fachgerechte Entsorgung Sorge getragen. Beim Färben mit Sprühfarbe ist es außerdem gut, wenn du auf deine Gesundheit achtest. Halte die Sprühfarbe möglichst weit von dir weg, trage Handschuhe und eine Atemmaske. Gesundheitsschonender und angenehmer in der Handhabung sind Kreidesprühfarben. Diese bieten dir außerdem besondere Farbnuancen und sind in Bastelgeschäften oder Baumärkten erhältlich. Für Ähren oder Hortensien eignen sie sich sehr gut, da nur ein grober Hauch dieser Farbe bereits das Gesamtbild verändert und Arrangements einen neuen Anblick verleiht.

»Tipp«

Achte darauf, dass deine Trockenblumen vor dem Besprühen wirklich frei von Feuchtigkeit sind. Wenn sie zu feucht sind, faulen sie unter dem Lack und dieser kann abplatzen.

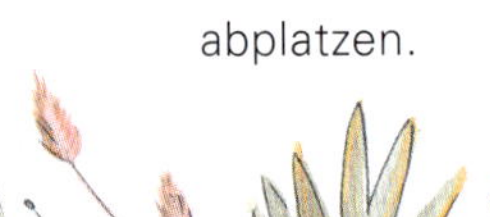

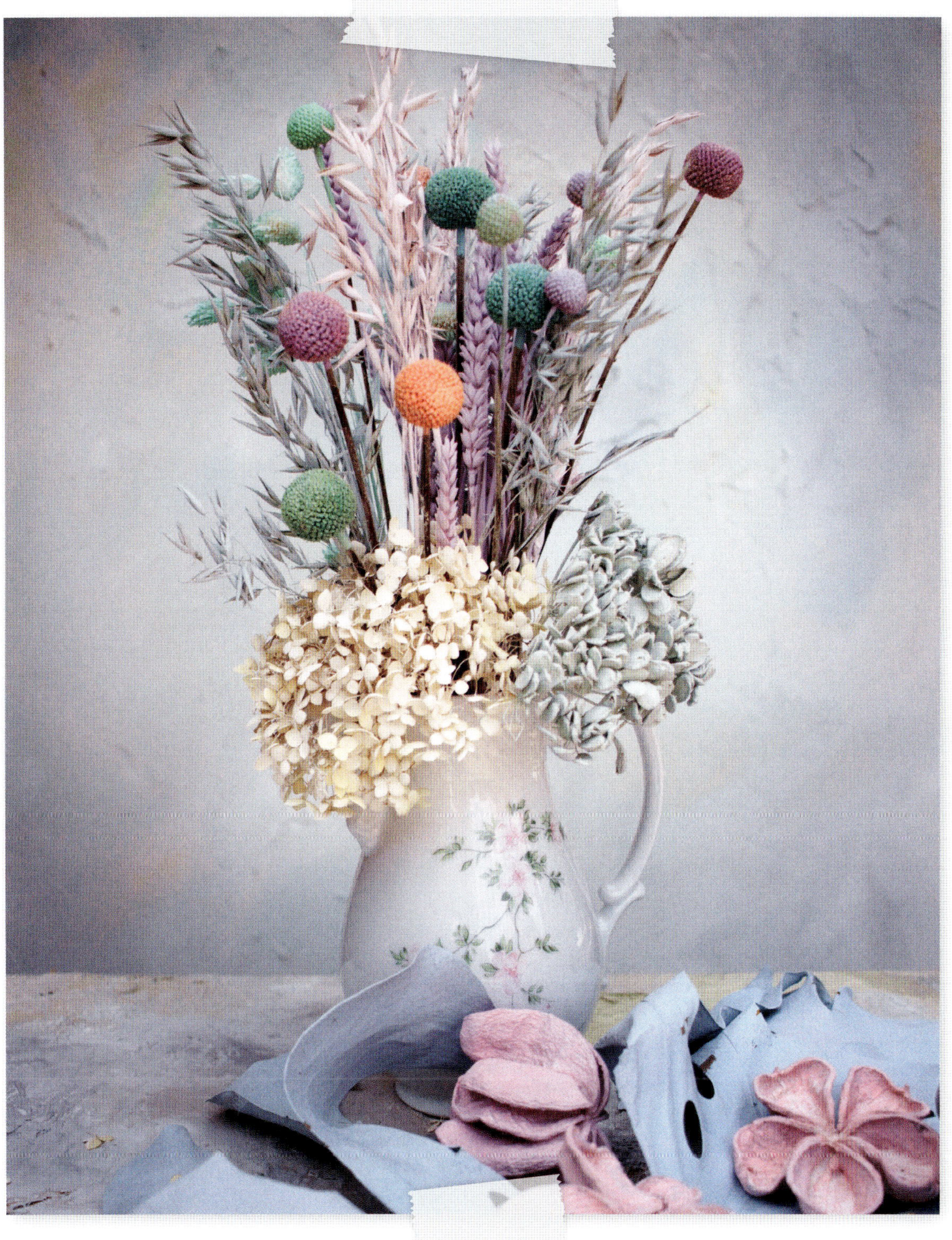

BUNT EINFÄRBEN IM FARBBAD

Statt zur Sprühflasche zu greifen, haben wir auch die Möglichkeit, Pflanzenteile in Farbbäder zu legen. Wichtig dabei ist es, wasserlösliche und wasserbasierte Farben zu verwenden. Nimmt man Acryl- oder Wandfarbe, werden die Pflanzenteile mit einer Farbschicht überzogen, die ihnen die Flexibilität nimmt und die besondere pflanzliche Struktur verdeckt. Besser geeignet sind flüssige Seidenfarbe, Farbpastillen zum Eierfärben, Batik- oder Wasserfarben. Die Farben werden von den groben Pflanzenstrukturen besser absorbiert.

Für das Färben im Farbbad benötigst du ein großes Einmachglas oder eine Plastikschale, eine Aufhäng-Möglichkeit (zum Beispiel eine Wäscheleine), ein Abtropfgitter und Abdeckmaterial für deine Arbeitsfläche (zum Beispiel Zeitungspapier). Und natürlich Farbe!

Setze zunächst deine Farbbäder an. Manche von ihnen wirst du mit Essig ansetzen müssen, andere mit lauwarmem Wasser. Genaueres entnimmst du der Erklärung auf der jeweiligen Verpackung deines Färbemittels. Für den Start empfehle ich dir Batik- oder Ostereierfarben.

Sind die Farbbäder vorbereitet, legst du das zu färbende Material hinein. Lasse es fünf bis zehn Minuten ziehen. Je länger du das Material einlegst, umso intensiver wird die Farbe.

Hast du die gewünschte Wirkung erreicht, entnehme deine Materialien aus dem Bad und hänge sie auf. Drücke die Flüssigkeit mit einem Zellstofftuch aus. Du kannst das Material auch liegend trocknen. Dann leistet ein Abtropfgitter gute Dienste. Verklebt die Farbe die Blüten oder Gräser, dann kannst du nach dem Trockenvorgang einen Föhn verwenden, um ihre Facetten wieder aufzufächern.

»Tipp«

Flüssige Farbe führt durch ihr Gewicht dazu, dass Stiele biegen oder abknicken. Sorge also dafür, dass die Farbe gut abtropfen kann und die Stiele stabilisiert sind.

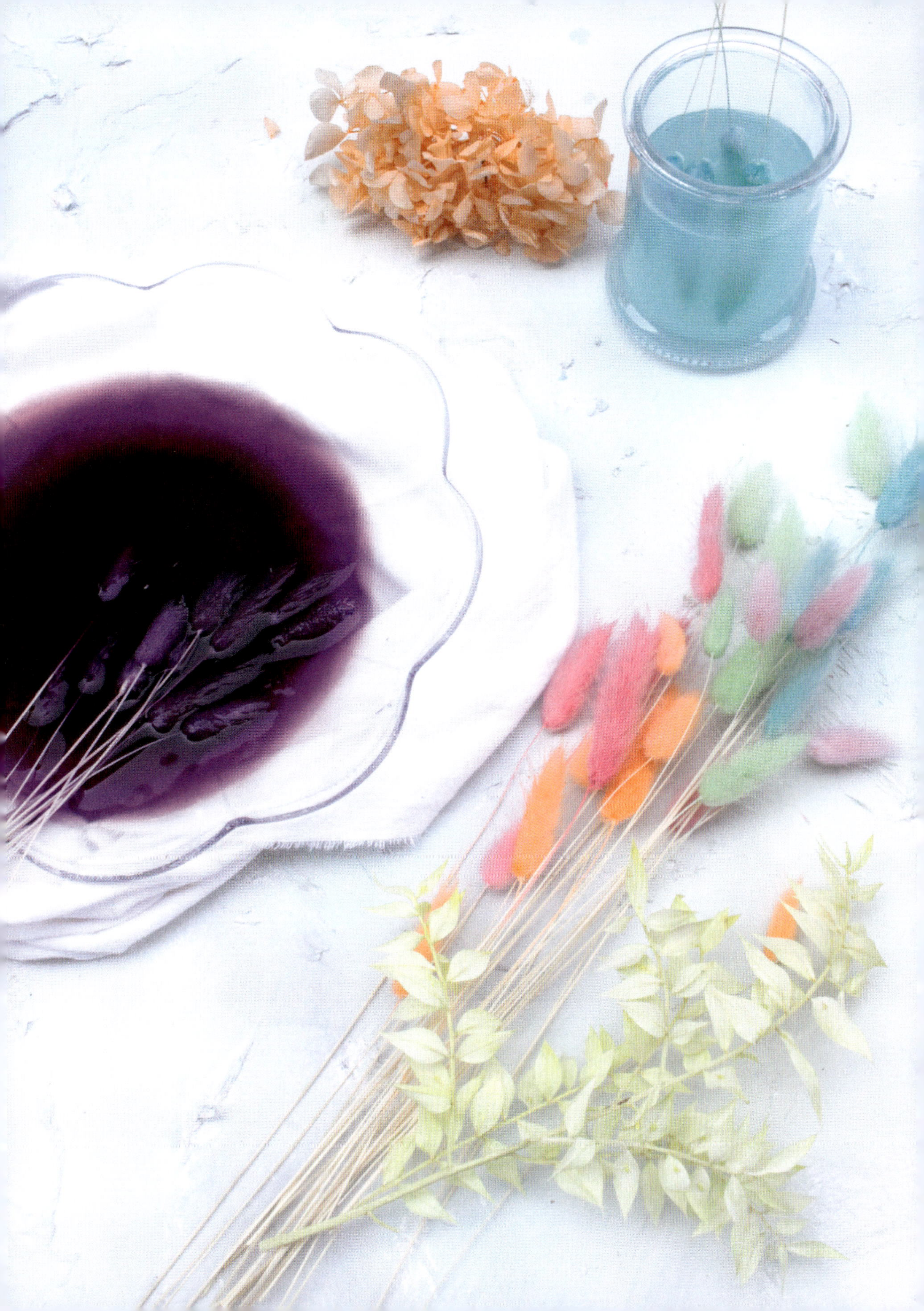

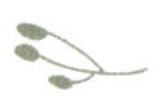

Trockenblumen lagern

Damit die Schönheit von Trockenblumen auch bei längerer Lagerung erhalten bleibt, musst du ein paar Dinge bei der Wahl des Lagerorts beachten. Ganz wichtig: Der Lagerort muss trocken und lichtarm sein. Sind die Trockenblumen zu lange dem Sonnenlicht ausgesetzt, so verblassen ihre Farben. Außerdem werden Blüten mit papierartiger Struktur umso spröder und brüchiger, je länger sie UV-Strahlung ausgeliefert sind. Außerdem sollte der Ort frei von Feuchtigkeit sein. Feuchte Kellerräume oder Orte im Freien eignen sich daher nicht. Eine hohe Luftfeuchtigkeit kann dazu führen, dass die Blumen Schimmelsporen ansetzen und verderben. Das kann auch passieren, wenn Trockenfloralien zu früh luftdicht in Dosen oder Schraubgläser verpackt werden. Auch Plastikfolie verhindert das Verdunsten der Restfeuchtigkeit aus den Pflanzenteilen und fördert eine schädliche Schimmelbildung. Letzte Regel: Trockenblumen sollten nicht in der Nähe von Lebensmitteln aufbewahrt werden.

Hier findest du ein paar Ideen für die Lagerung von unterschiedlichen Pflanzenteilen:

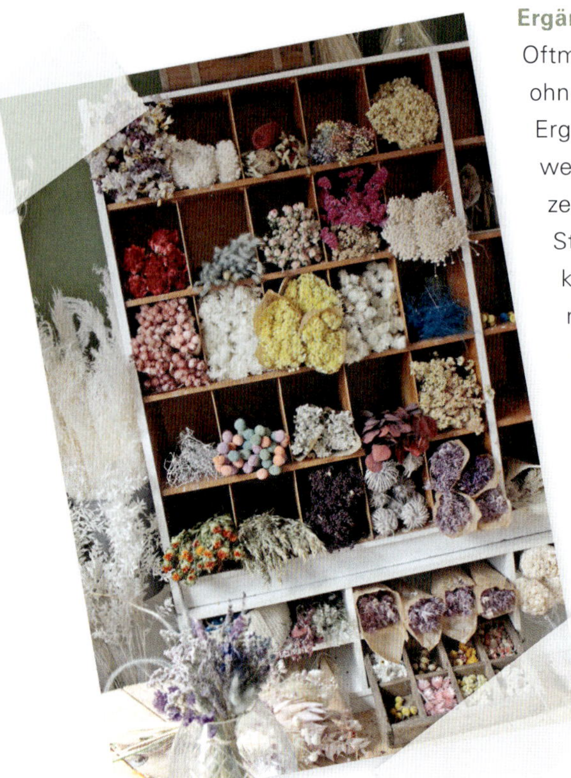

Ergänzungs- oder Dekorationselement:
Oftmals hast du kleine, kurze Blütenteile ohne Stiel, die du in der Trockenfloristik als Ergänzungs- oder Dekorationselement verwendest. Sie werden zum Beispiel auf Kränzen mit Heißkleber befestigt oder auch als Streuware auf Tischen oder in Gläsern dekorativ eingesetzt. Für diese Trockenblumen nutzen wir alte Holzpflanzkästen, in den einzelnen Fächern kannst du die Blütenteile sortiert lagern. Auch geeignet sind Schachteln oder Sortierboxen. Von luftdicht verschlossenen Gefäßen rate ich dir ab, da eventuelle Restfeuchtigkeit nicht verdunsten kann.

Blumenbündel stehend aufbewahren:
Abgehängte Blumenbündel wickelst du am besten in Packpapier oder Zeitungspapier ein. Auf diese Weise verhaken sich die Pflanzenteile nicht miteinander und lassen sich später, ohne abzubrechen, leichter auseinander nehmen. Die Bündel kannst du platzsparend in Vasen oder Eimer stellen.

Wichtig: Vermeide Plastikfolien als Verpackungsmaterial. Auch bereits getrocknete Blumen können noch Feuchtigkeit enthalten und in der Folie schwitzen, weshalb Schimmel entstehen kann.

Blumenbündel liegend aufbewahren:
Gebündelte Trockenblumen können auch luftig gelegt werden. In Papier gepackte Bundware kann in Regalen übersichtlich sortiert werden. Wir nutzen hierfür ein altes Postregal. Es ist ein wunderbarer Platz für Trockenblumen. In einem offenen Regal sind die Blumen geschützt, sortiert und zudem schön anzusehen.

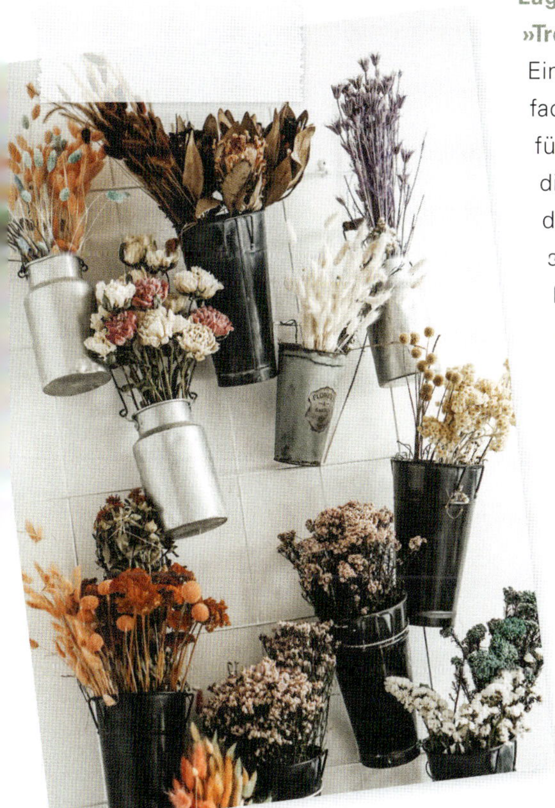

Lagerung in einer »Trockenblumen-Bar«
Eine »Trockenblumen-Bar« aus einem einfachen Rankgitter für Pflanzen ist optimal für die Lagerung, wenn du jederzeit auf die Blumen zugreifen möchtest. Für eine dekorative Präsentation haben wir verschiedene Töpfe verwendet. Auch kleine Milchkannen oder Eimer vom Flohmarkt eignen sich. Mit Draht kannst du dir einen Haken zurecht biegen und die Töpfe so an dem Gitter befestigen. Falls du dir eine Trockenblumen-Bar in der Wohnung gestalten möchtest, dann denke daran, dass die Blumen beim Herausnehmen rieseln. Am besten suchst du dir einen Platz aus, der frei von Teppichboden und einfach zu reinigen ist.

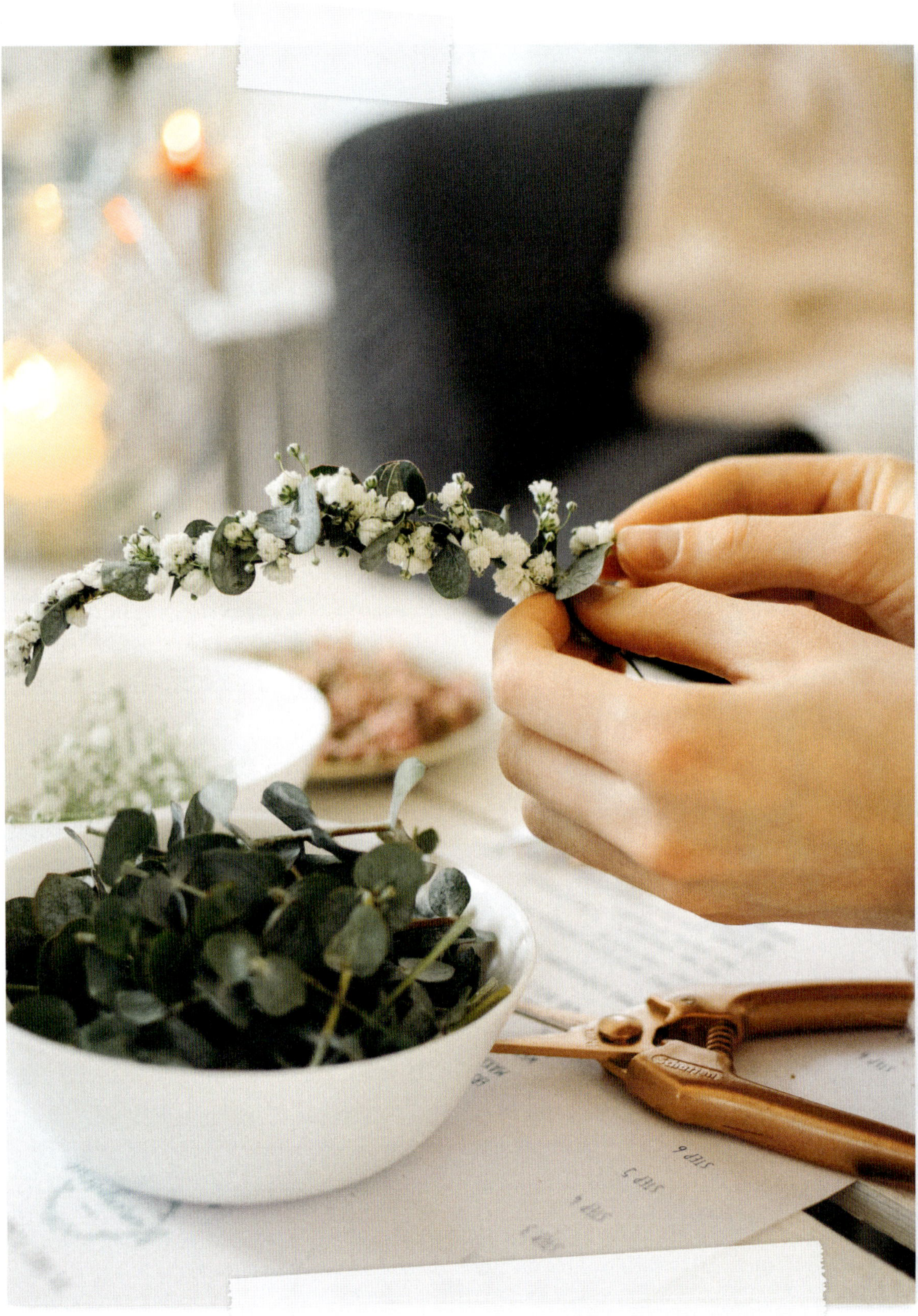

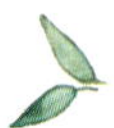

Gestalten mit Trockenblumen

Projekte Schritt für Schritt realisieren

In diesem Kapitel lernst du, kreative Projekte mit Trockenblumen Schritt für Schritt umzusetzen.

Wir haben für jede Jahreszeit etwas vorbereitet. Aber: Deiner Fantasie sind keine Grenzen gesetzt. Du kannst die Projekte so nacharbeiten, wie ich sie dir vorstelle. Oder du kannst sie mit ein paar farblichen Akzenten verändern und so beispielsweise aus einem Herbstkranz eine zauberhafte Frühlingsdekoration zaubern.

Zu jedem Projekt findest du eine Anleitung mit begleitenden Fotografien. Besondere Hinweise haben wir dir in unsere »Tipp«-Box gepackt, damit du sie nicht übersiehst. Am Ende dieses Kapitels findest du außerdem Inspirationsseiten mit Stimmungsbildern, die weitere Gestaltungsmöglichkeiten zeigen. Auch auf unserer Webseite unter www.annas-blumenpoesie.de/trockenblumen oder auf unserem Instagram-Account @annasblumenpoesie findest du regelmäßig Anleitungen und Informationen zu spannenden Materialien.

Wichtig für jedes Projekt ist die gute Vorbereitung deines Arbeitsplatzes. Wenn du Rebschere, Draht, Messer und den passenden Kleber griffbereit hast, kann nichts mehr schief gehen. Außerdem empfehle ich dir, einen Ort zu wählen, an dem kein Teppichboden liegt. Dieser ist nur schwer von Gräserflusen und Trockenblumenresten zu befreien. Suche dir am besten einen Platz, den du gut fegen kannst.

Im Blumenladen arbeitet man meist im Stehen. So hat man einen anderen Überblick und bleibt in Bewegung. Für größere Objekte möchte ich dir das nahelegen.

Versuche, dir Zeit zu nehmen und jeden kleinen Schritt zu zelebrieren. Entdecke mit Freude die Materialien und sei mutig, selbst Zweige und gesammelte Schätze zu neuen Kombinationen zusammenzufügen.

Egal, ob du alleine gestaltest oder bei einer Kreativzeit mit deinen Freunden die Welt der Trockenblumen für dich eroberst: Ich wünsche dir von Herzen viel Spaß, Freude und Mut, die kleinen Dinge zu entdecken und Herzensprojekte entstehen zu lassen.

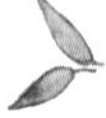

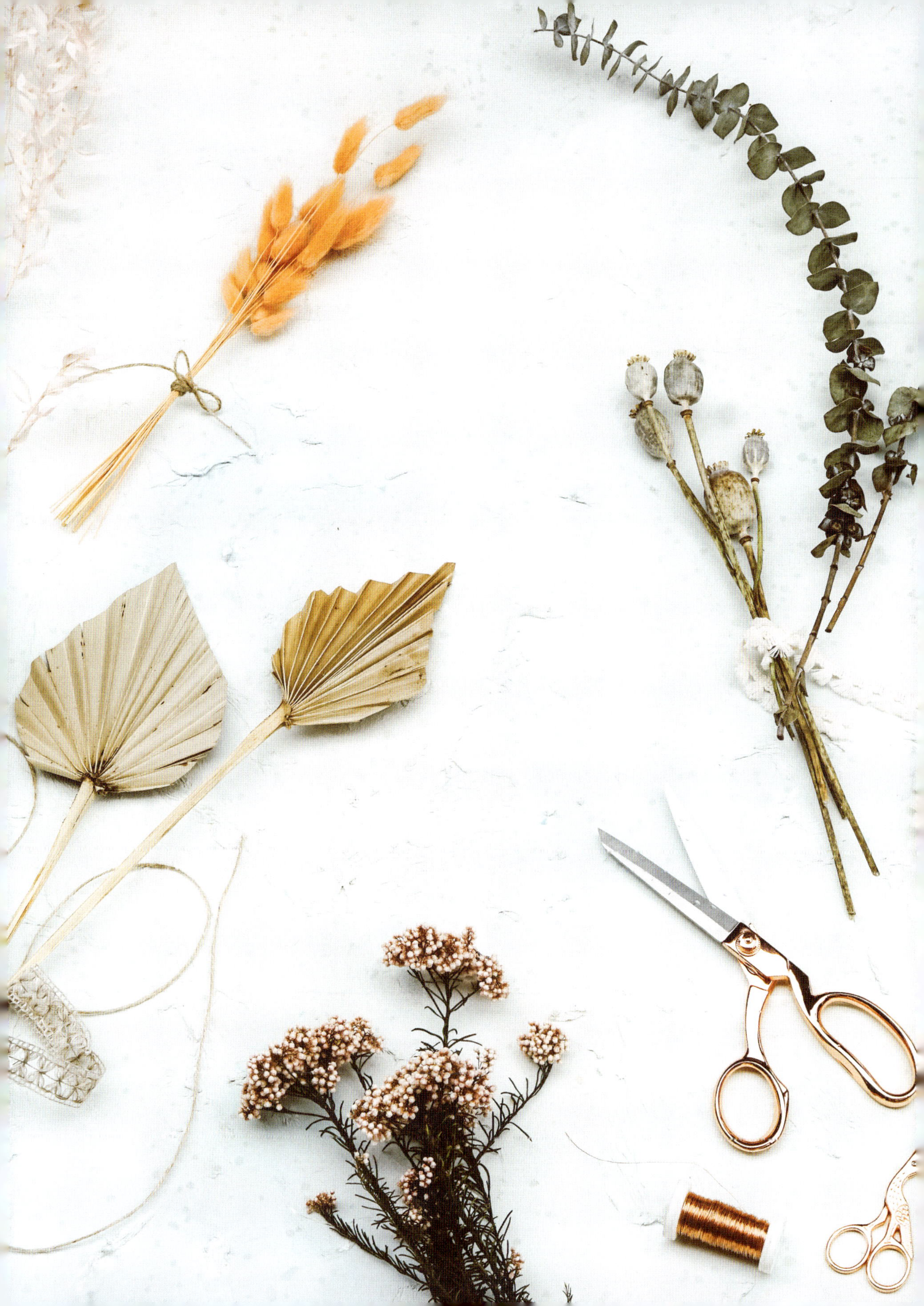

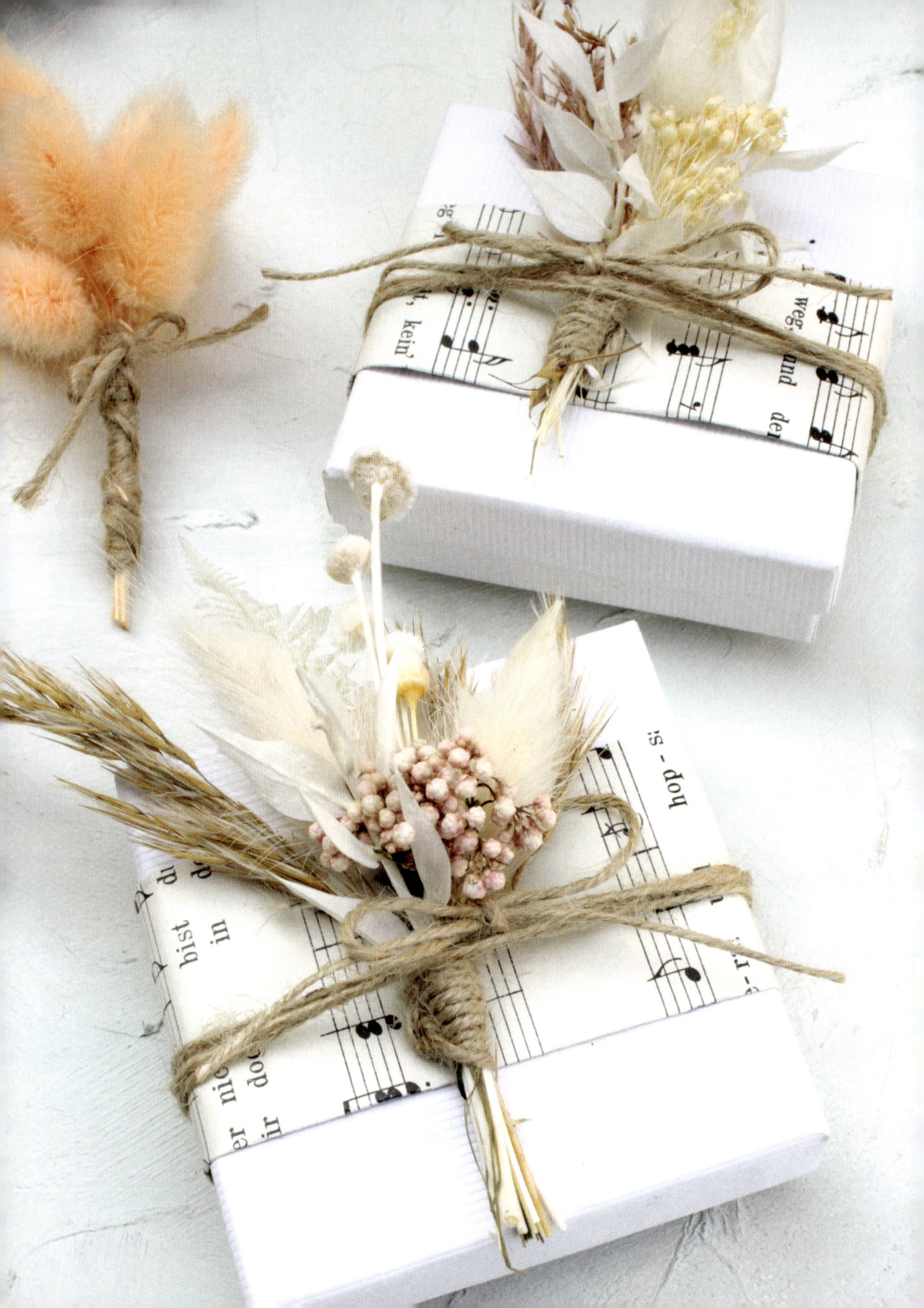
kein'
und
hop - s'
bist
in

Die besondere Geschenkverpackung

Dieses kleine Projekt ist eine schnell und einfach gezauberte Dekoration für deine Geschenke. Sie besteht aus kleinen Miniaturbündeln. Diese können sortenrein sein oder aus mehreren Blüten zusammengesetzt werden.

Die besondere Geschenkverpackung

Das brauchst du dazu:

Trockenblumen
Getrocknete kurze Pflanzenteile

Sonstige Materialien
Geschenk- oder Packpapier
Juteschnur
Gartenschere

1) Stelle dir zunächst aus deinen Trockenblumen ein Miniaturbündel zusammen. Da dein Bündel später auf einem Geschenkpaket aufliegt, darf es auch eine Rückseite haben. Das bedeutet, die kurzen Blütenteile dürfen vorne angeordnet werden, die langen hinten.

2) Wichtig ist es, die Blumenbündel im nächsten Schritt ordentlich und gleich lang abzuschneiden. Auf diese Weise wirken sie edler und wie »echte« Sträuße.

3) Damit deine Sträußchen nicht auseinanderfallen, musst du sie gut zusammenbinden. Nehme hierzu eine Juteschnur und wickle die Stiele so ab, dass nur ein kleines Stück der Stiele unten herausblickt. Achte darauf, dass die Schnur parallel und gleichmäßig gewickelt ist.

4) Um deine Päckchen, egal ob in Kraftpapier, Geschenkpapier oder alten Buchseiten verpackt, wird nun eine Juteschnur gewickelt. In diese kannst du dein Sträußchen einstecken.

Voilá! Fertig ist deine wunderschöne Geschenkverpackung.

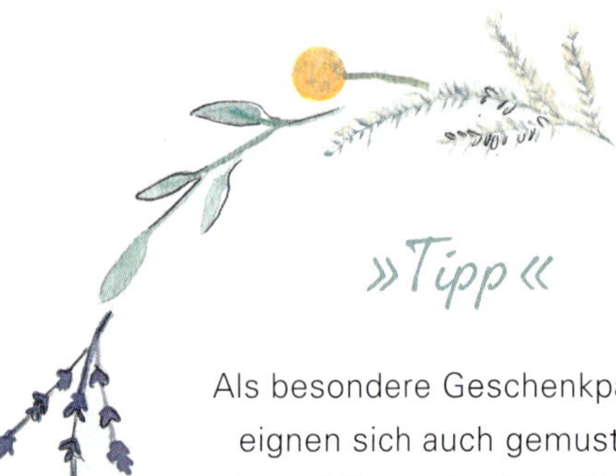

»Tipp«

Als besondere Geschenkpapiere eignen sich auch gemusterte oder schön strukturierte Tapeten. Diese machen dein Päckchen nochmals zum Unikat.

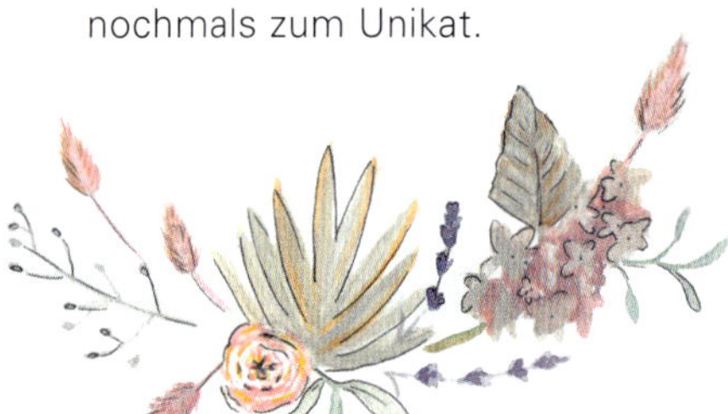

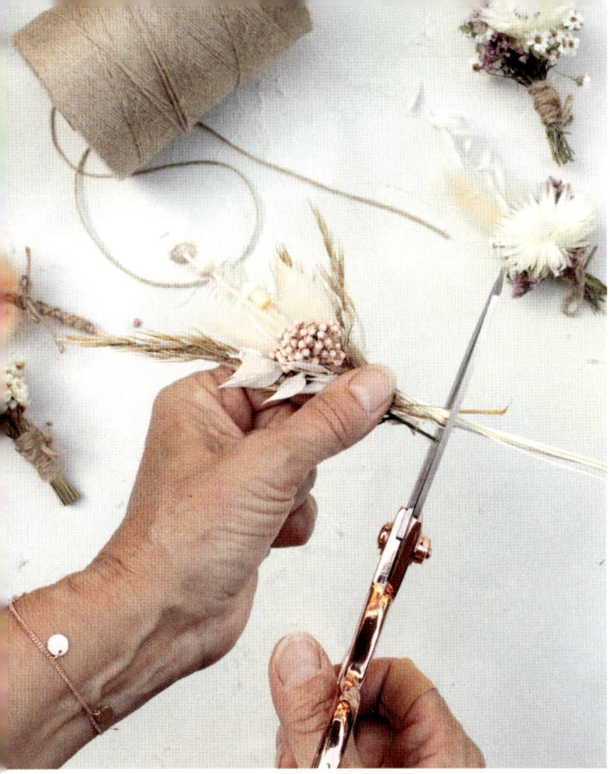

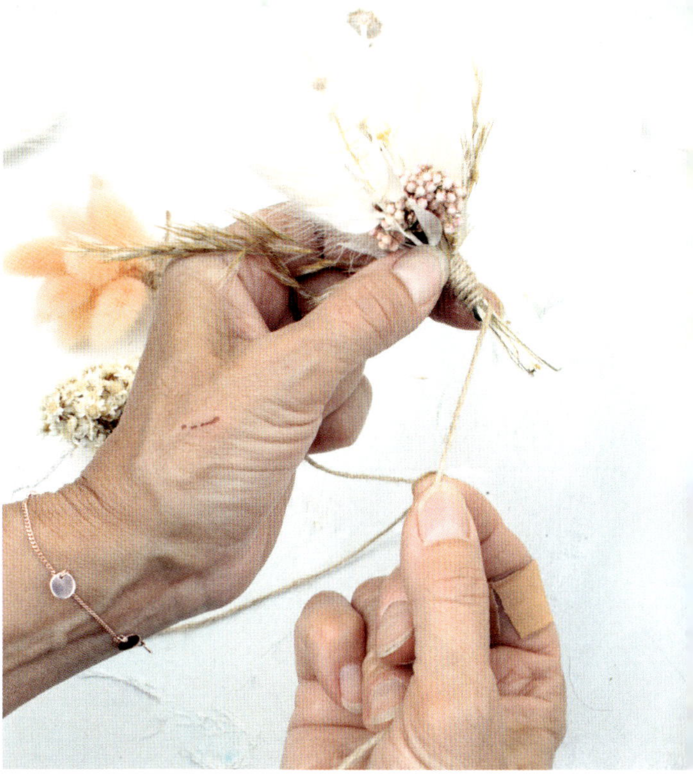

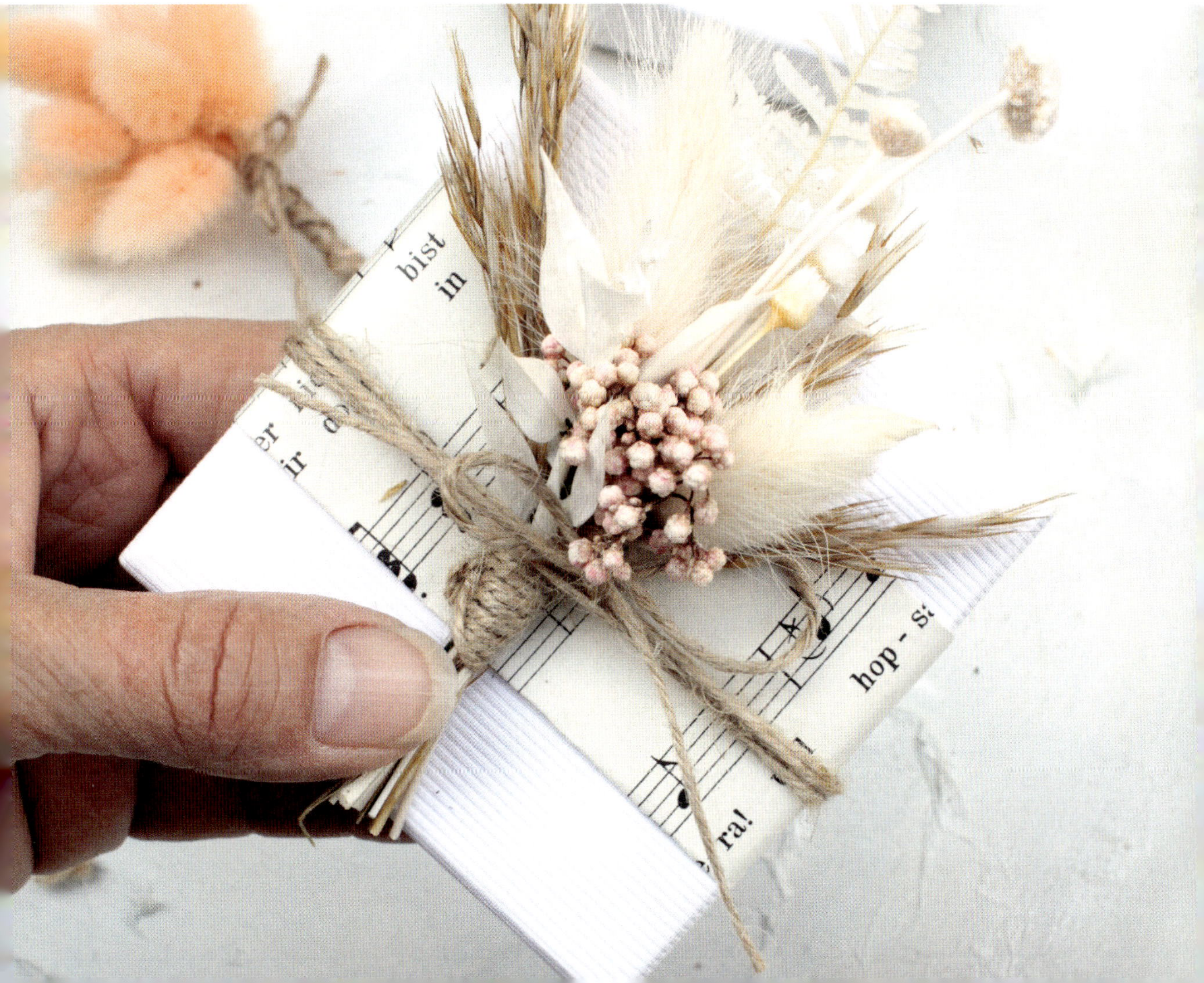

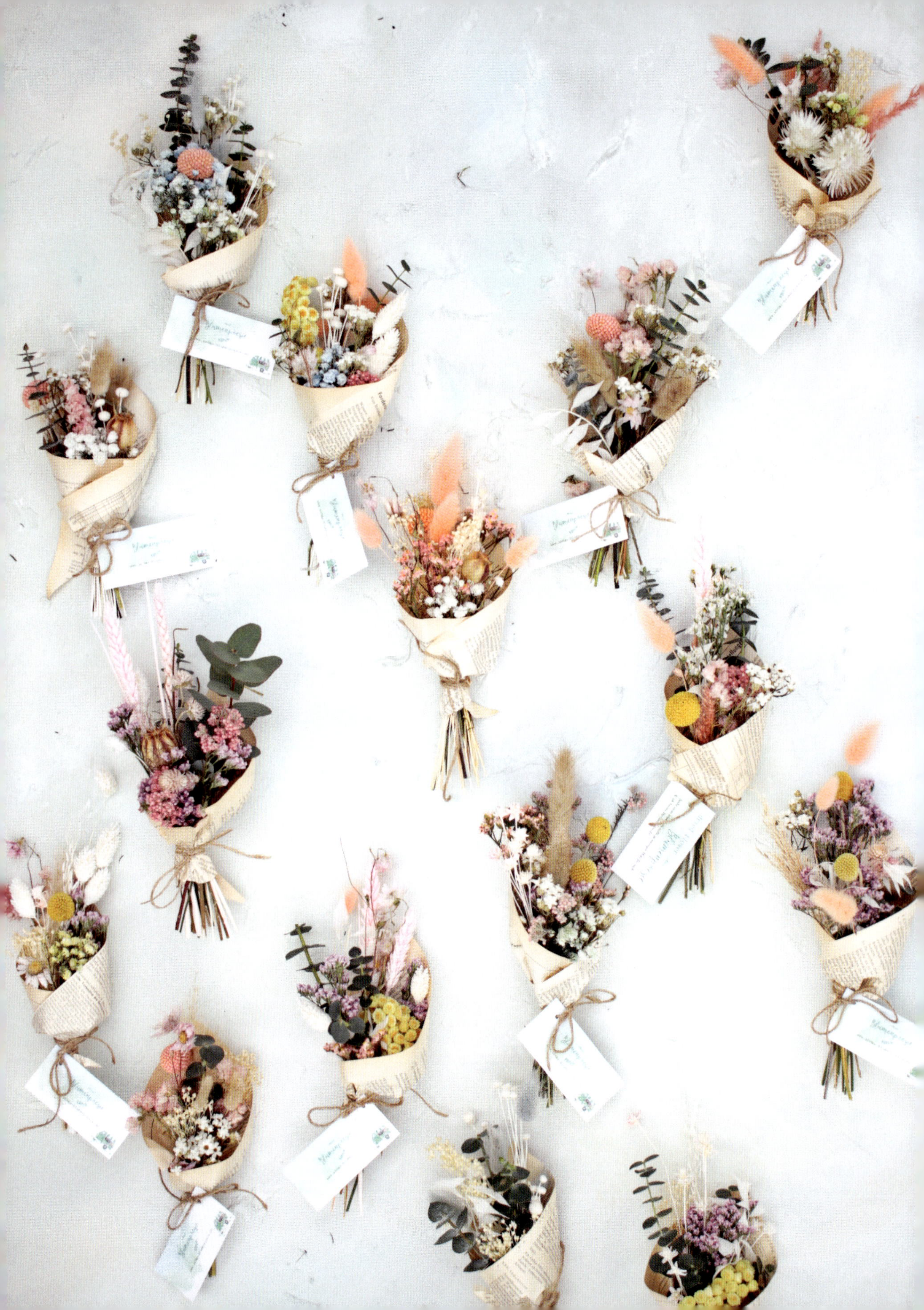

Buchseitensträuße

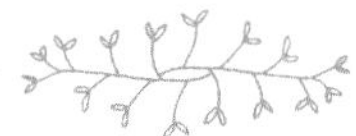

Diese kleine Kostbarkeiten sind eine hübsche Geschenkidee. Auch auf dem Platzteller für deine Gäste oder als kleines Miniaturbouquet verzaubern sie durch ihren nostalgischen Charme.

Buchseitensträuße

Das brauchst du dazu:

Trockenblumen
Kleinteilige Trockenblumen

Unsere Auswahl:
Nigella
Gefärbter Weizen
Eukalyptus
Strandflieder
Weitere Gräser zur Ergänzung

Sonstige Materialien
Alte Buchseiten
Juteschnur
Messer oder Gartenschere

1) Als Vorbereitung müssen verzweigte Blumenstiele so zerteilt werden, dass sie einzeln gut angeordnet werden können. Auch ein grobes Zurechtschneiden auf die zukünftige Länge ist hilfreich für ein flüssigeres Arbeiten. Außerdem schneiden wir die rechteckigen Seiten eines alten Buches diagonal auseinander, sodass wir dreieckige Papiere zum Einpacken unserer Miniatursträuße bereit liegen haben.

2) Aus gemischten Trockenmaterialien binden wir nun kleine Bündel. Wichtig ist dabei, gestaffelt zu arbeiten. Beginne mit dem längsten Blumenmaterial und ordne kürzere darunter an. Auf diese Weise kann jedes Material für sich zur Geltung kommen. Schneide das Blumensträußchen gleichmäßig lang mit der Gartenschere ab.

3) Hast du das Bündel zusammengefügt und bist zufrieden mit der Kombination, legst du das zugeschnittene Buchseitenpapier mit der langen Seite nach unten vor dich hin. In die Spitze des Dreiecks legst du nun dein Blumenbündel. Wenn es zu leicht auseinander fällt, kannst du es vorher mit einer Schnur abbinden.

4) Zunächst schlägst du das Papier auf der linken Seite über die Blumen, dann wickelst du die andere Seite herum. Das Papier wird mit den Fingern festgedrückt und dann mit einer Juteschnur zwei- bis dreimal umwickelt. Ein Abschluss mit einem Knoten und einer kleinen Schleife sieht besonders liebevoll aus. Du kannst auch Spitzenband verwenden, wenn du es nostalgisch und verspielt gestalten möchtest.

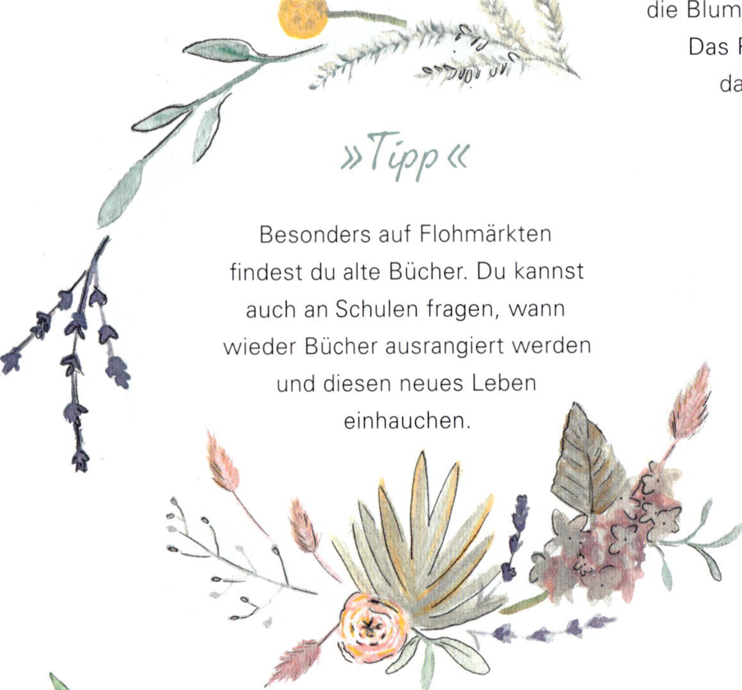

»Tipp«

Besonders auf Flohmärkten findest du alte Bücher. Du kannst auch an Schulen fragen, wann wieder Bücher ausrangiert werden und diesen neues Leben einhauchen.

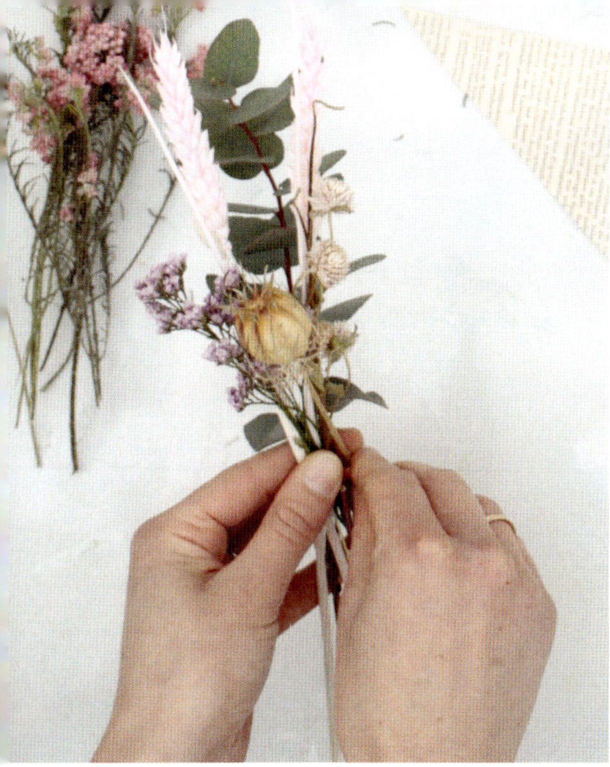

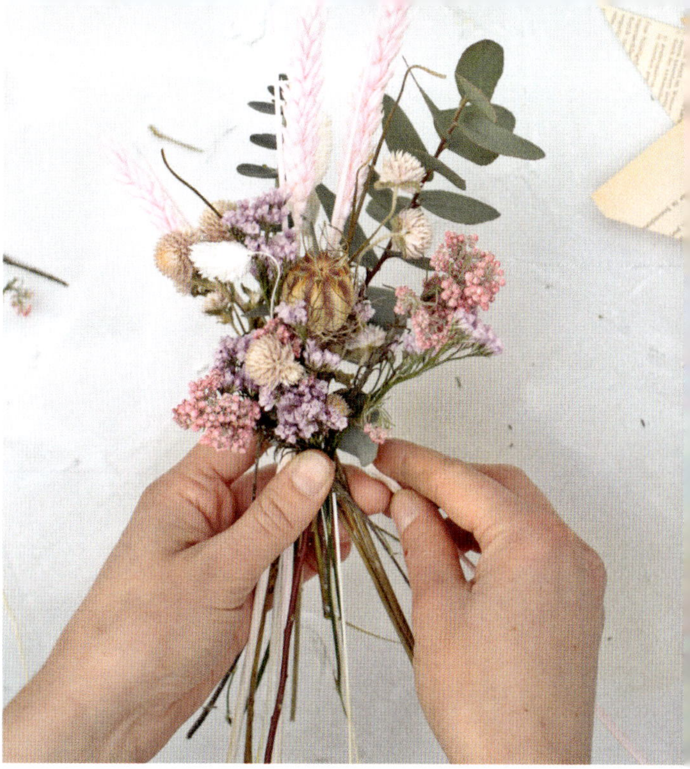

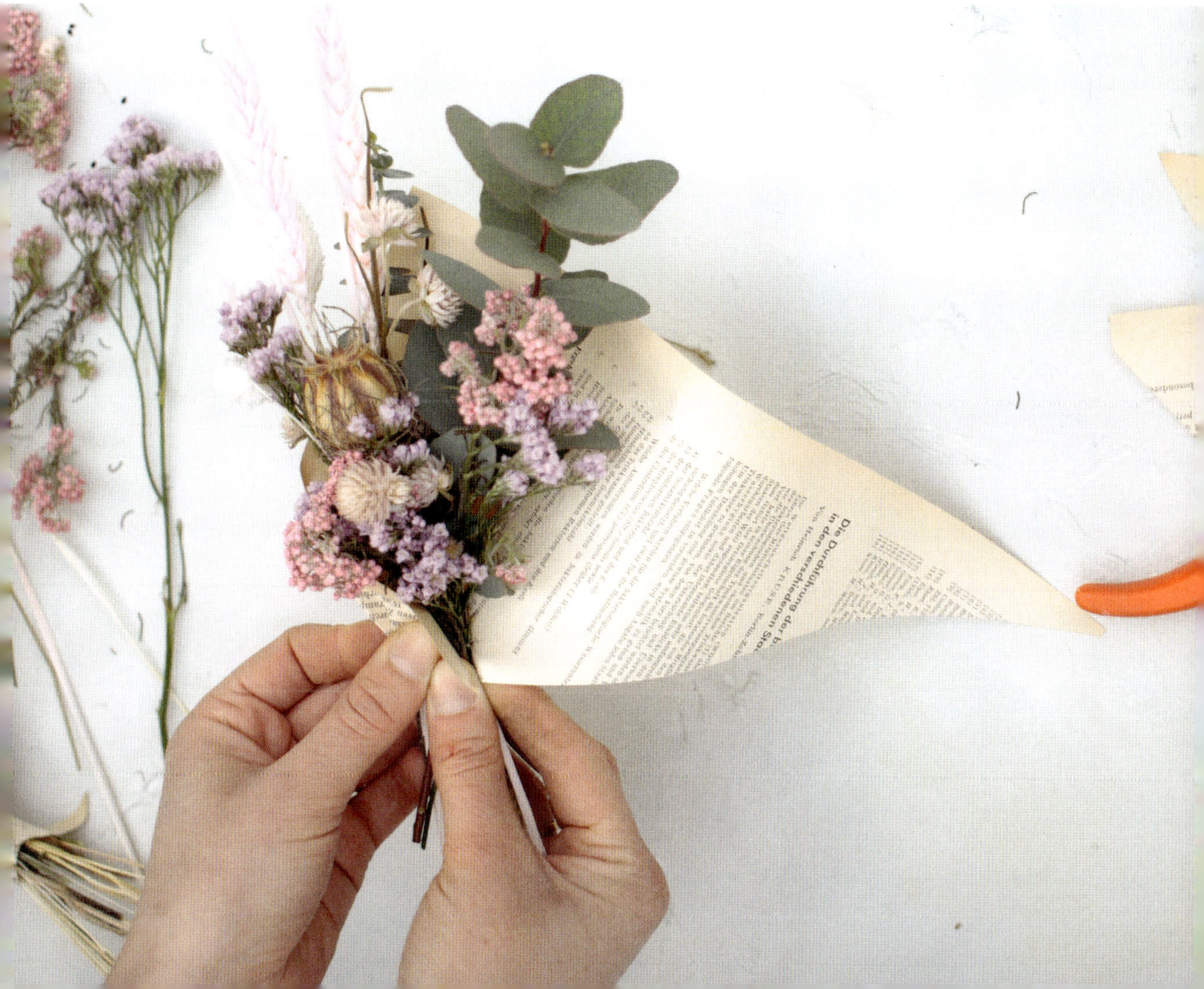

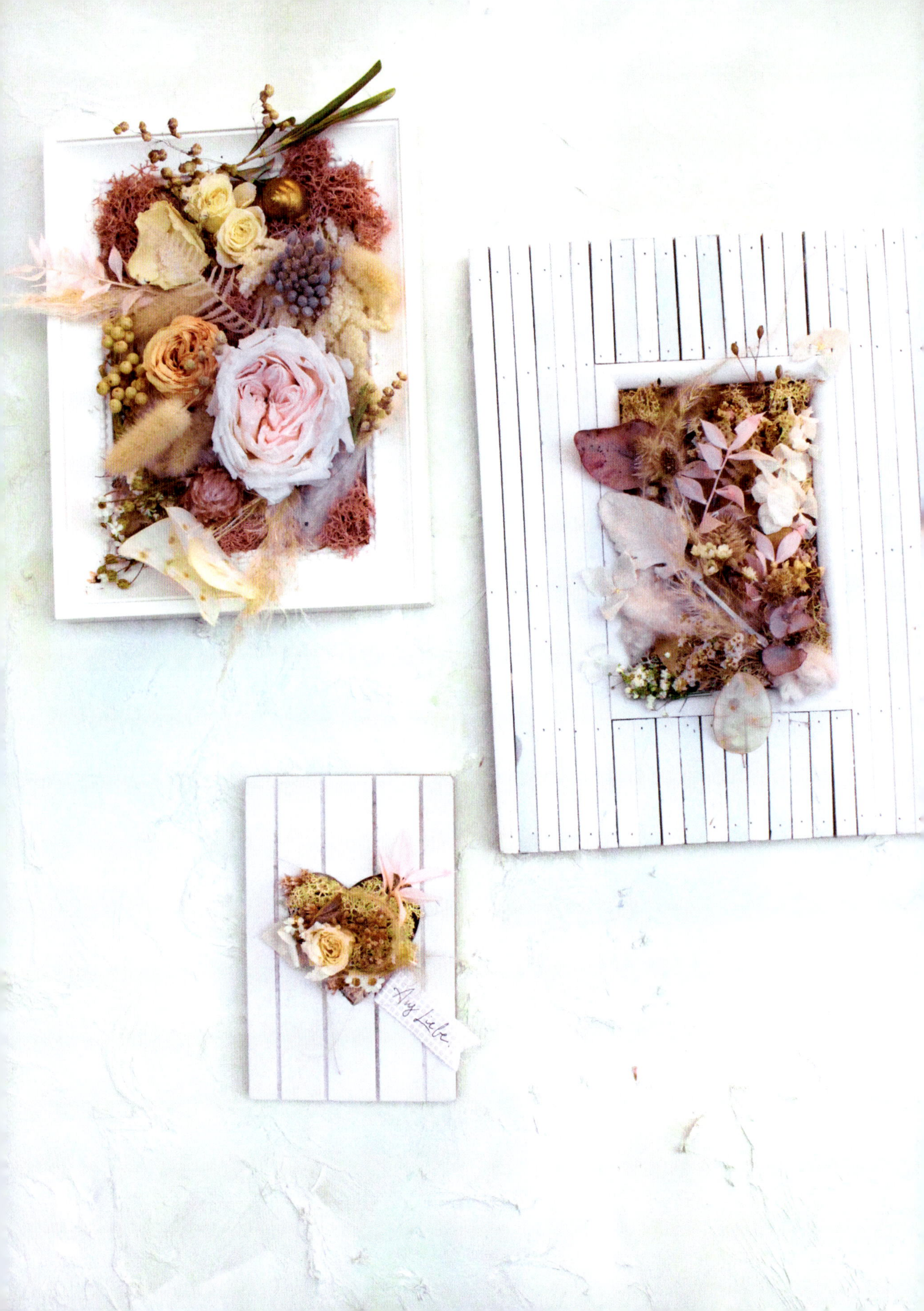
Aus Liebe.

Floraler Bilderrahmen

Der florale Bilderrahmen ist ein hübsches Dekorationselement für deine Wand. Du kannst Erinnerungsblüten verwenden oder ihn ganz neu arrangieren und deine Fotowand damit aufhübschen.

Floraler Bilderrahmen

Das brauchst du dazu:

Trockenblumen
Gemischte getrocknete Blüten
Islandmoos und Baumwolle

Unsere frühlingshafte Auswahl:
Ranunkeln, Traubenhyazinthen, Samenstand, Lagurus-Gräser, Strandflieder in weiß, getrocknete Freesienblüten

Sonstige Materialien
Alte Bilderrahmen
Dünner Myrthendraht
Gartenschere

1) Zuerst musst du den alten Bilderrahmen auseinander bauen. Das Glas und Passepartout benötigst du nicht mehr. In alten Bilderrahmen besteht die Rückseite manchmal aus Pappe, manchmal aber auch aus dünnem Pressholz. Nehme dieses Rückenteil in die Hand und belege es luftig mit Islandmoos und Baumwolle. Das Material und das Rückenteil werden nun gemeinsam mit dünnem Draht umwickelt. Wähle beim Draht eine natürliche Farbe, die sich schön zurück nimmt, und umwickele das Brettchen so, dass ein Netz entsteht. In dieses können wir später die Blumen einfädeln.

2) Wenn das Moos gut befestigt und die Drahtschnur gespannt ist, schneidest du den Myrthendraht ab. Lege das Rückenteil wieder in den Rahmen hinein und fixiere es mit den dafür vorgesehenen Laschen oder Klammern des Rahmens.

3) Nun werden Stück für Stück die Blumen in den Rahmen hineingesteckt. Schneide die Blütenteile hierfür auf die vorgesehene Länge und stecke sie in das Drahtgeflecht, sodass sie gut befestigt sind. Nehme zunächst die langen und zierlicheren Floralien. Sie tänzeln in der Natur auch höher und an längeren Stielen als kompakte, schwere Blüten. Dein Arrangement wirkt harmonischer, wenn du große Blüten, wie die Ranunkel, weiter unten anordnest und feinere Blüten im oberen Bereich deines Bildes. Achte auch darauf, dass du nicht zu symmetrisch arbeitest, sondern die Pflanzenteile versetzt und verspielt anordnest. Dann wirkt es später natürlich und interessant.

4) Als letzten Schritt befestigen wir unsere Hauptblume, das zentrale Dekorationselement. In diesem Fall ist es die Ranunkel. Alle Blumen bewegen sich scheinbar von ihr weg und bilden einen Rahmen für sie. Da sie die größte Blume ist, ordnen wir sie im unteren Teil des Blumenrahmens an.

»Tipp«

Einen floraler Bilderrahmen kannst du auch wunderbar mit den Erinnerungsblumen eines besonderen Tages füllen. Vielleicht hast du einen Brautstrauß oder ein paar Blumen eines schönen Spaziergangs gesammelt? Du kannst den Rahmen auch hervorragend mit kleinen Restzweigen von größeren Projekten gestalten und eine bunte Vielfalt verwenden.

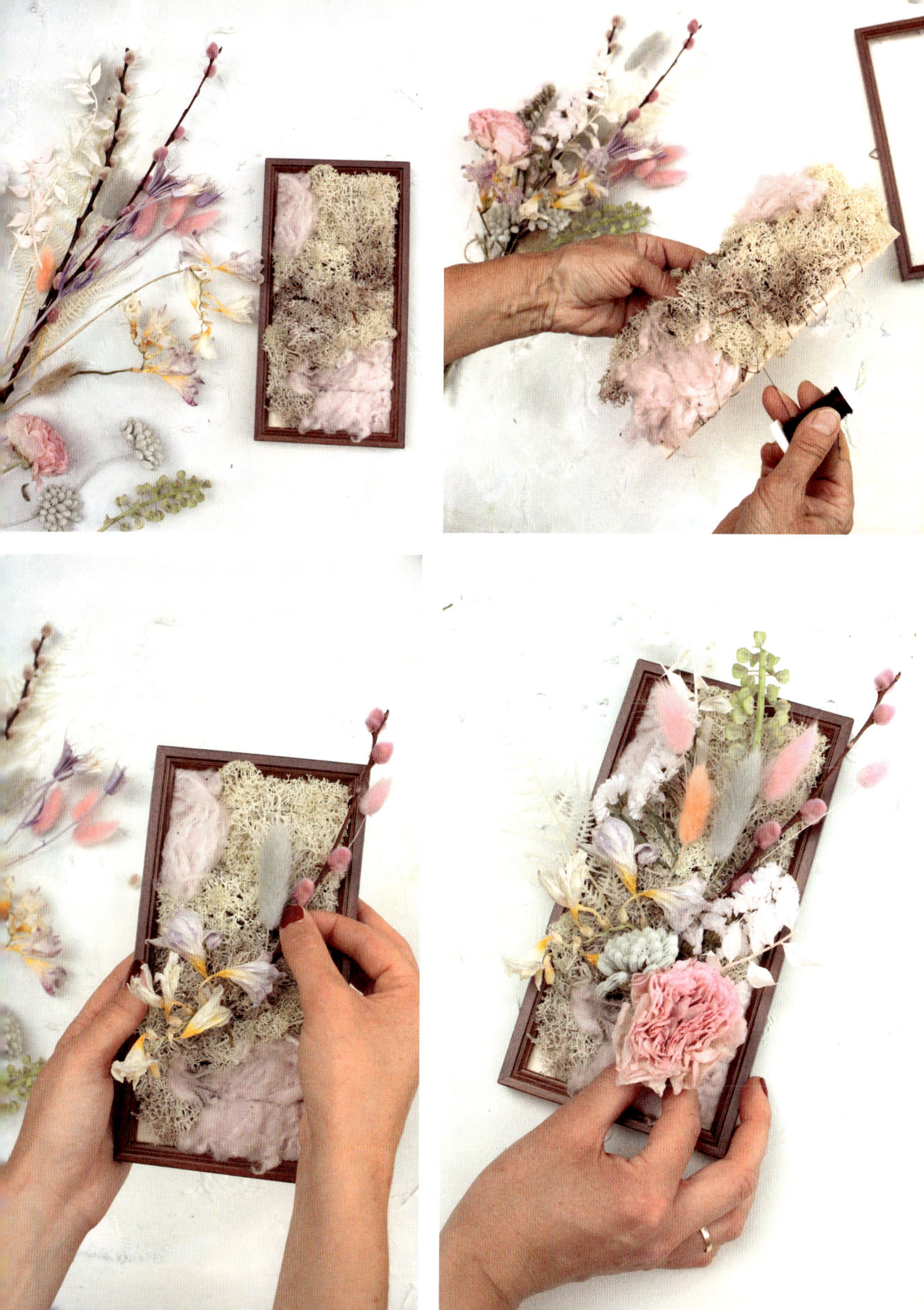

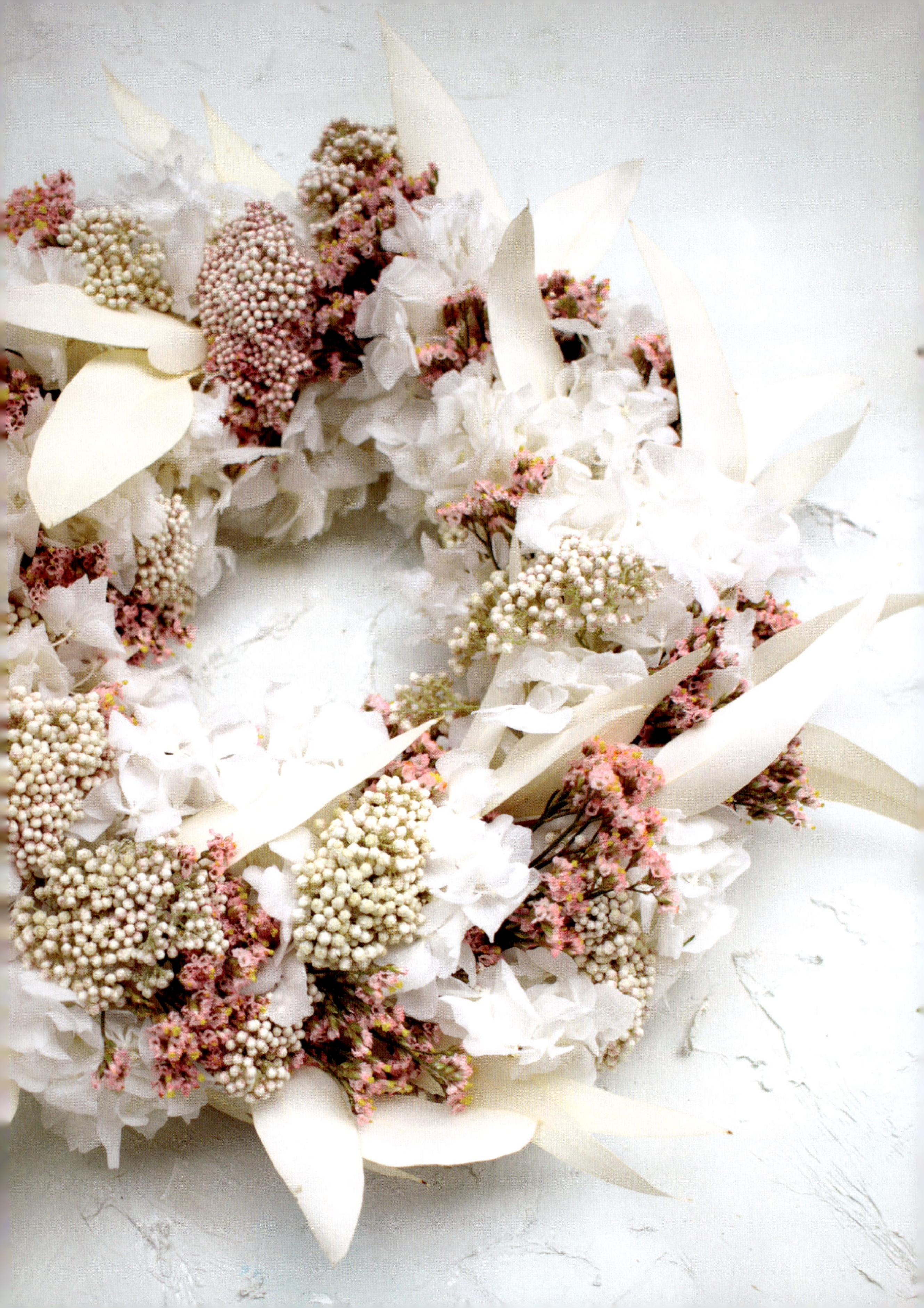

Türkranz

Ein Klassiker in der Floristik, der mit Trockenblumen ganz neue Gestaltungsmöglichkeiten bietet. An die Tür gehängt oder auf den Tisch gelegt ist er in beiden Fällen ein besonderer Hingucker mit viel Freiraum für deine Kreativität.

Türkranz

Das brauchst du dazu:

Trockenblumen

Generell eignen sich voluminöse Materialien, kombiniert mit schmaleren, verzweigten Pflanzenteilen.

Unsere Auswahl:

Weiße Hortensie, gebleicht
Reisblume
Weidenblätter, gebleicht

Sonstige Materialien

Wickeldraht oder Myrthendraht (je dicker die Materialien, desto dicker sollte der Draht sein)
Strohrömer, Umfang 25 cm
Gartenschere oder Messer

1) Als erstes umwickelst du den Strohrömer fest mit dem Draht, sodass später die Blumen gut befestigt werden können. Die Trockenblumen schneidest du in kleinere Stücke von einer groben Länge zwischen 8 und 10 cm.

2) Die Materialien werden nun in Bündeln angelegt. Die Hortensie trägt voluminös auf, deswegen ist es wichtig, aus den übrigen Blumen (wie den Reisblumen) kleine Bündel zu legen. So verschwinden sie nicht neben der Hortensie. Die Blumen werden in Schuppen angeordnet. Hast du ein Blumenbündel an den Römer angelegt, so umwickele es mit zwei bis drei Drahtumwindungen. Ziehe den Draht gut fest und forme das nächste Bündel.

3) Auf diese Weise arbeitest du Stück für Stück rings um den Strohkern und bestückst ihn mit Blumen. Achte dabei darauf, dass du auf der Innenseite des Strohringes kleinere und dünnere Blumenbündel anlegst. So sorgst du dafür, dass die innere Form des Kranzes später frei bleibt und eine harmonische Kranzform entsteht.

4) Das letzte Kranzstück ist das schwierigste. Du kannst es etwas kürzer formen als die übrigen und gut mit Draht festwickeln. Der Draht wird nun abgeschnitten und auf der Rückseite des Strohrömers verwahrt. Hierzu ziehst du ihn einfach durch die Schlaufen, die du zuvor gewickelt hast.

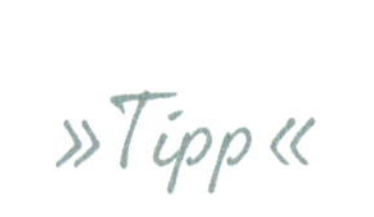

»Tipp«

Du bist noch unzufrieden mit der Kranzform? Mit Haften kannst du hervorragend ein paar der restlichen Blumen in den Strohkern deines Kranzes feststecken. Das ist eine leichte Art, die Stellen auszubessern, die noch lückenhaft gebunden sind.

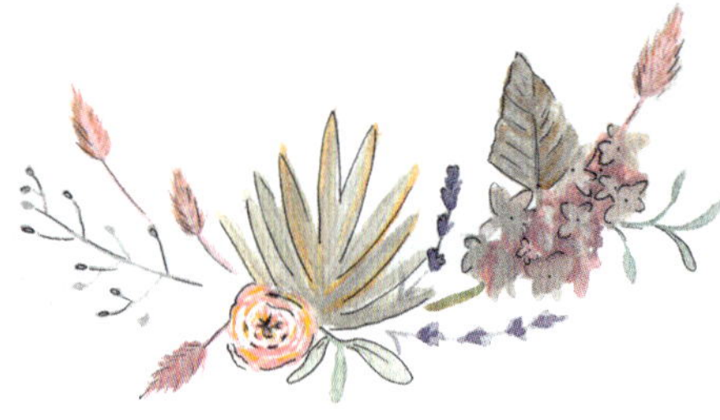

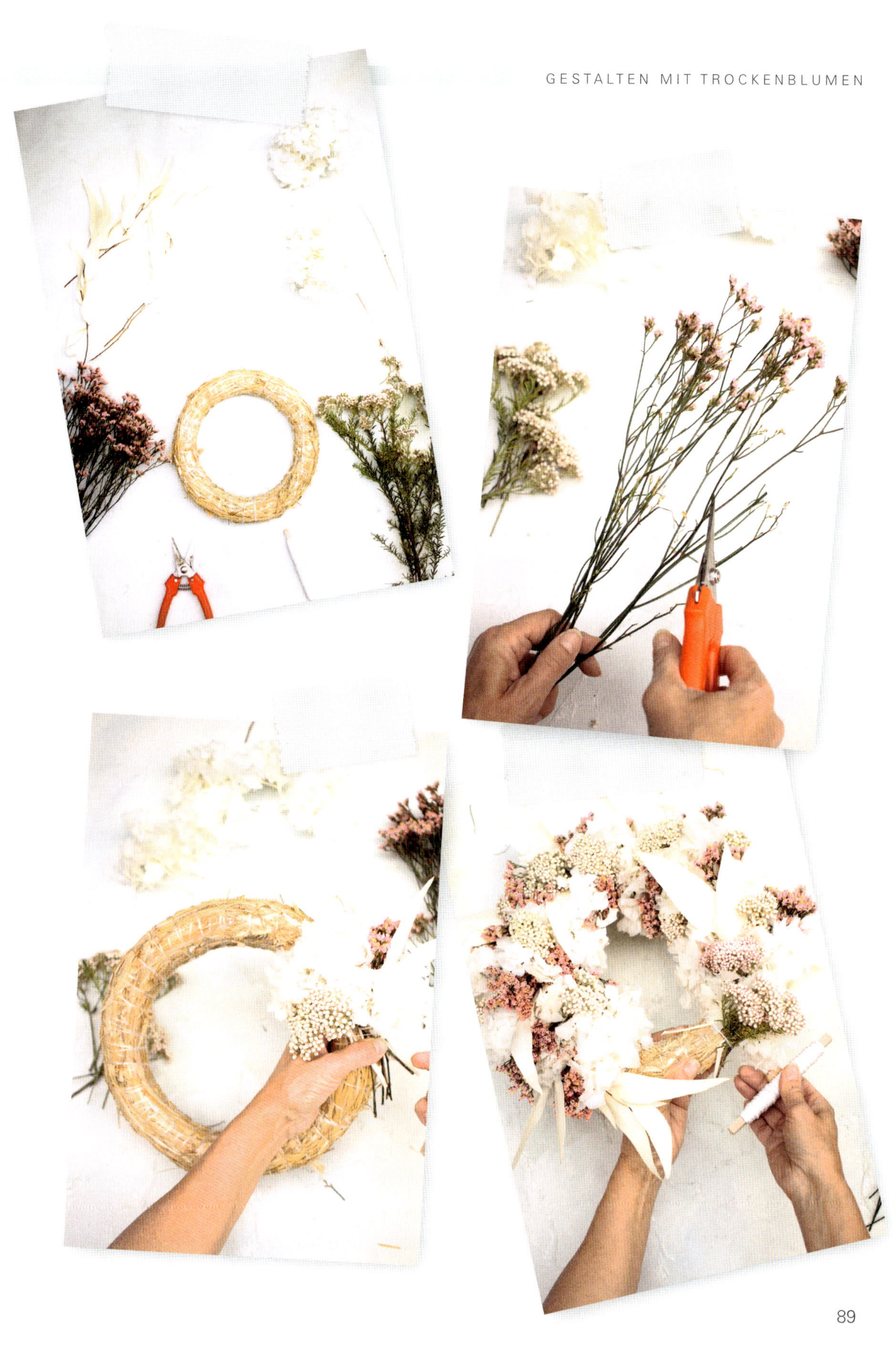

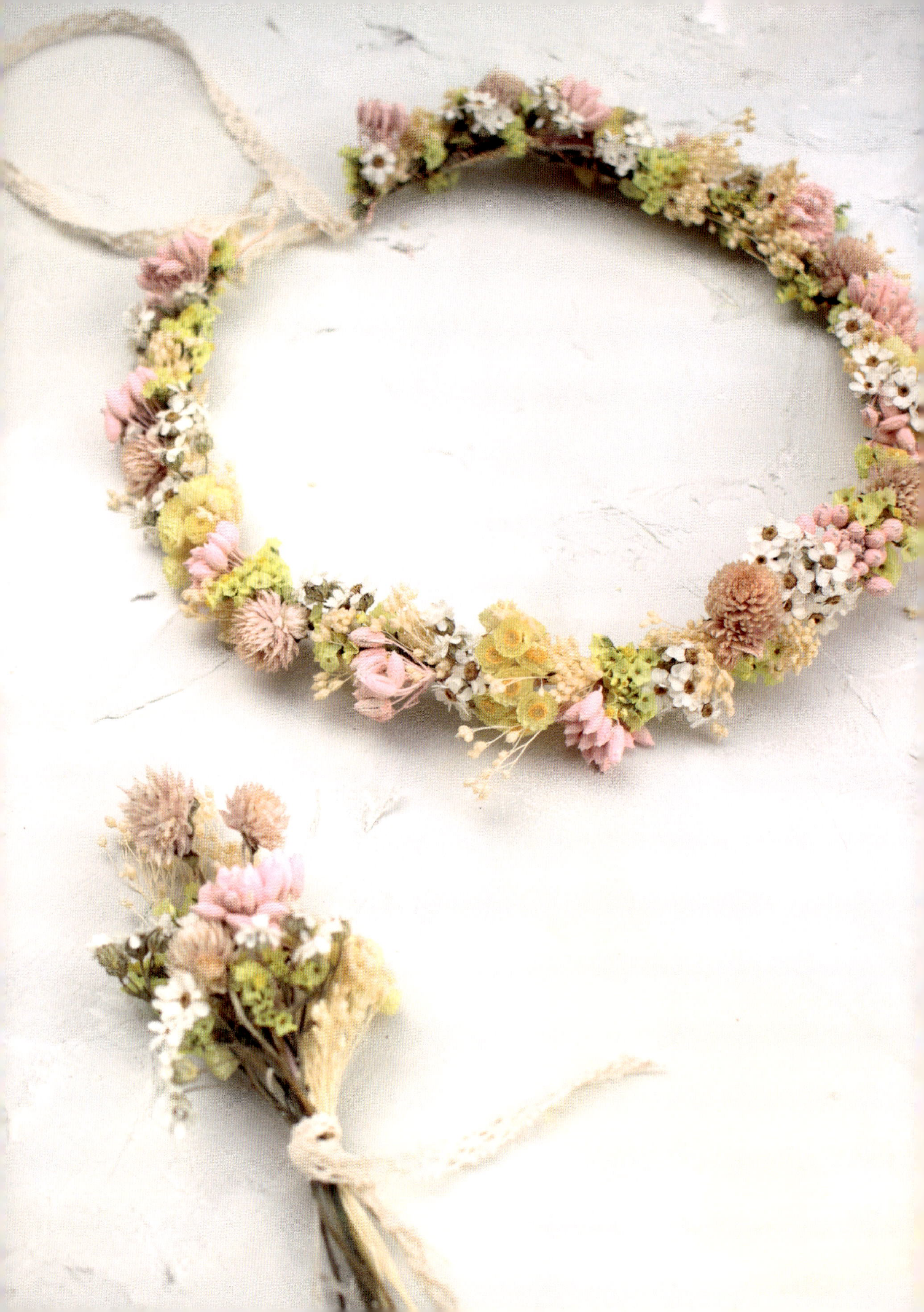

Haarkranz

Nicht nur für den großen Tag einer Braut sind Haarkränze einfach wunderschön. Auch für einen gemeinsamen Abend mit deinen Freundinnen, den Kindergeburtstag oder einfach einen Abend im Lieblingssommerkleid schenkt ein selbst gebundener Haarkranz ein besonderes Glücksgefühl.

Haarkranz

Das brauchst du dazu:

Trockenblumen
Generell eignen sich für Haarkränze kleine verzweigte, aber auch biegsame und nicht zu spröde Pflanzenteile. Schleierkraut und Strandflieder sind optimal einsetzbar.

Sonstige Materialien
Wickeldraht
Myrthendraht
Dünne Baumwollspitze
Schere zum Schneiden von Draht und Pflanzenteilen

1) Messe mit dem stabileren Wickeldraht den Umfang deines Kopfes ab. Schneide den Draht ein wenig kürzer als die abgemessene Länge ab. Nun formst du an den Enden jeweils eine Öse. Wichtig ist es, dass du die Drahtenden so glatt festwickelst, dass sie dich später beim Aufsetzen des Haarkranzes nicht stören. Jetzt kannst du den vorbereiteten Drahtkranz mit den Myrthendraht umwickeln.

2) Schneide alle Blütenmaterialien kurz ab, sodass noch einen Stiel von etwa 1 cm stehen bleibt. Nehme kleine Blüten und bündele sie. Deine kleinen Blütenbündel werden nun schuppenförmig auf dem Haarkranz befestigt. Lege sie dafür nacheinander auf der Oberseite des Drahts an und befestige sie, indem du sie mit dem dünnen Myrthendraht ein- bis zweimal umwickelst. Arbeite gerade vor dir her, bis der ganze Draht mit Blüten bestückt ist.

3) Am Ende kannst du den dünnen Draht abschneiden und verwahren. Hierzu wickelst du ihn gut fest und ziehst das überstehende Ende in die bereits gewickelten Schlaufen, ebenso wie auch beim großen Türkranz. In die Ösen kannst du nun jeweils ein Stück der Baumwollspitze einfädeln und festknoten. Das Spitzenband dient dir später zum Befestigen deines Haarkranzes. Forme den Kranz nun so, dass er dir perfekt passt. Den Draht kannst du ruhig etwas biegen, bis deine »Flower Crown« richtig sitzt.

»Tipp«

Sollte das Band nicht gut an deiner Frisur sitzen, kannst du auch Schiebeklammern durch die Ösen stecken und deinen Haarkranz so perfekt an deiner Wunschfrisur befestigen. Viel Freude mit dem neuen Highlight deines Outfits!

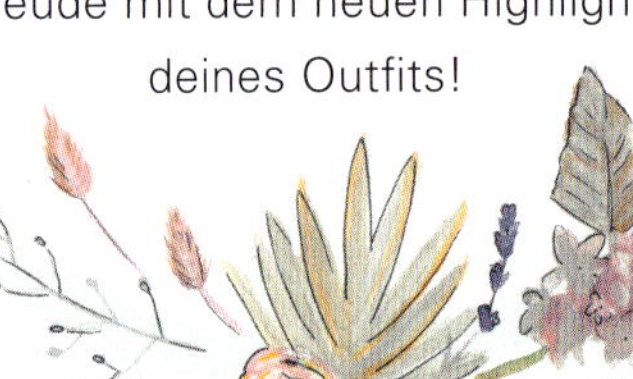

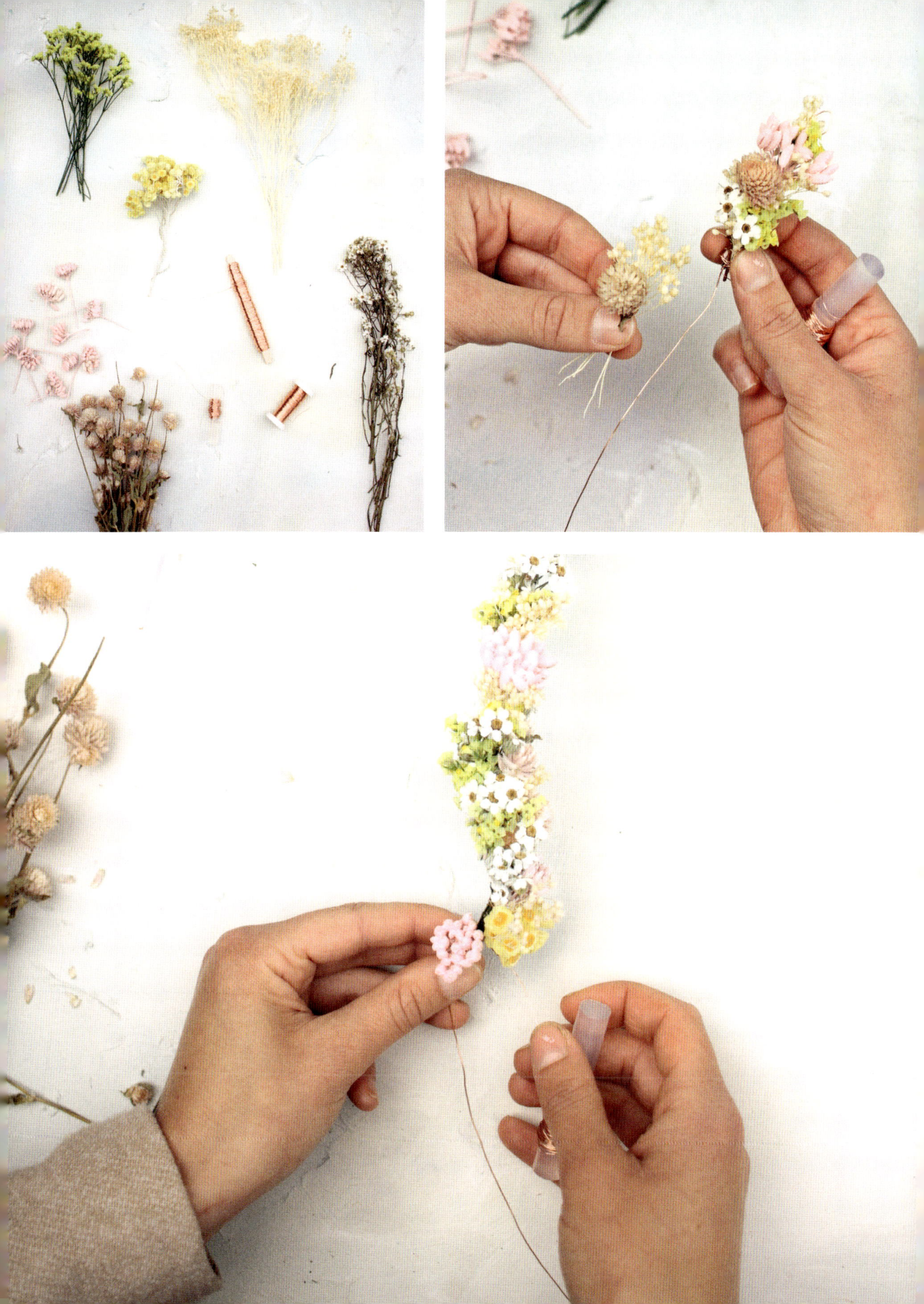

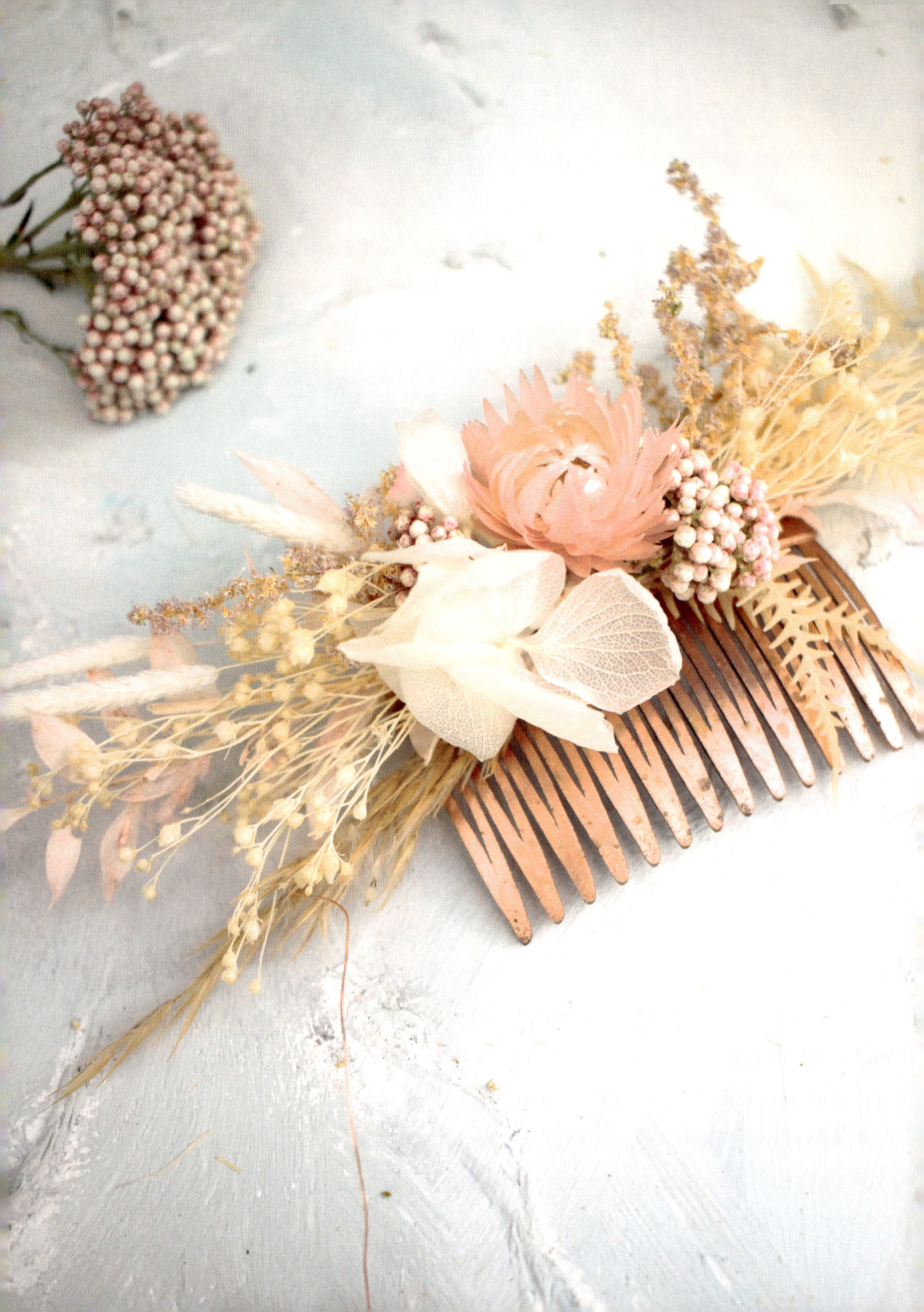

Haarkamm

Am Hinterkopf in Hochsteckfrisuren getragen oder seitlich als Akzent mit dem Charme der 20iger Jahre: Ein Blumenhaarkamm für deine Frisur ist ein zauberhafter Blickfang. Du kannst ihn durch die getrockneten Blüten immer wieder verwenden und ihn in einer Schatulle aufbewahren. So wird aus Blumen ein Schmuckstück für deine Frisur.

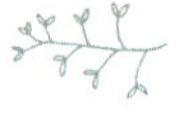

Haarkamm

Das brauchst du dazu:

Trockenblumen
Kleine Pflanzenteile

Unsere Auswahl:
Ruskus
Astilbe
Strohblümchen
Farn und Süßgras
Lakritzstrohblume

Sonstige Materialien
Einen Einsteckkamm aus Metall oder Kunststoff
Dünnen Myrthendraht
Heißklebepistole
Schere zum Schneiden von Draht und Pflanzenteilen

1) Als erstes kürzst du alle Pflanzenteile so, dass du flüssig mit ihnen arbeiten kannst. Hast du das getan, bildest du ein kleines, filigranes Bündel. Die Blütenteile schauen dabei in beide Richtungen.

2) An der Stelle, an der du das Bündel Blüten festhältst, kannst du es jetzt an den Kamm anlegen und mit dem dünnen Myrthendraht umwickeln. Dann kannst du weitere Pflanzenteile oder Bündel anlegen und festwickeln. Zwei bis drei Umwindungen genügen hierbei.

3) Schneide den dünnen Draht so ab, dass du ihn auf der Rückseite in die bereits gebundenen Schlaufen einweben kannst. Biege den Draht so, dass er später auf der Kopfhaut nicht stört. Du kannst auf das Drahtende auch einen kleinen Tropfen Heißkleber setzen.

4) Der Mittelpunkt des Kamms, die Bindestelle, darf jetzt einen besonderen Blickpunkt bekommen. Auf diese Weise verdeckst du den Draht und kannst außerdem ein schönes Highlight setzen. Hierfür haben wir eine Lakritzstrohblume genommen. Diese kannst du mit Heißkleber befestigen.

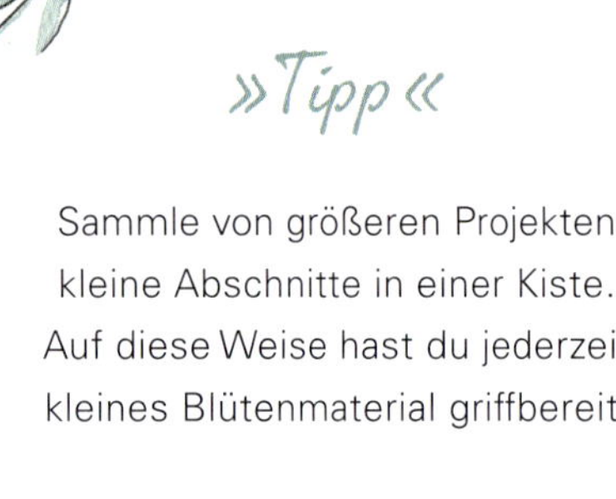

»Tipp«

Sammle von größeren Projekten kleine Abschnitte in einer Kiste. Auf diese Weise hast du jederzeit kleines Blütenmaterial griffbereit.

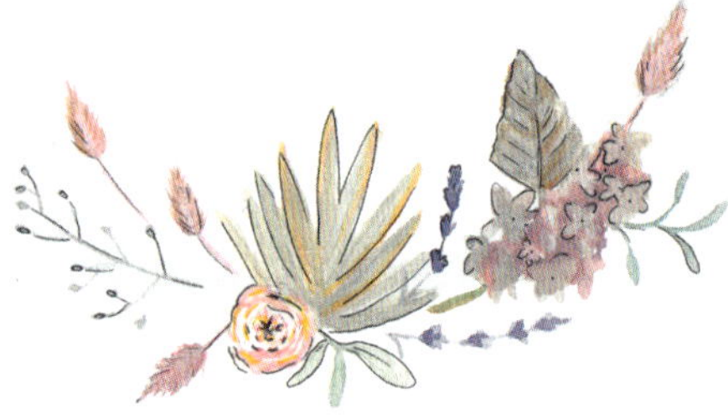

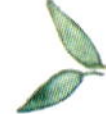

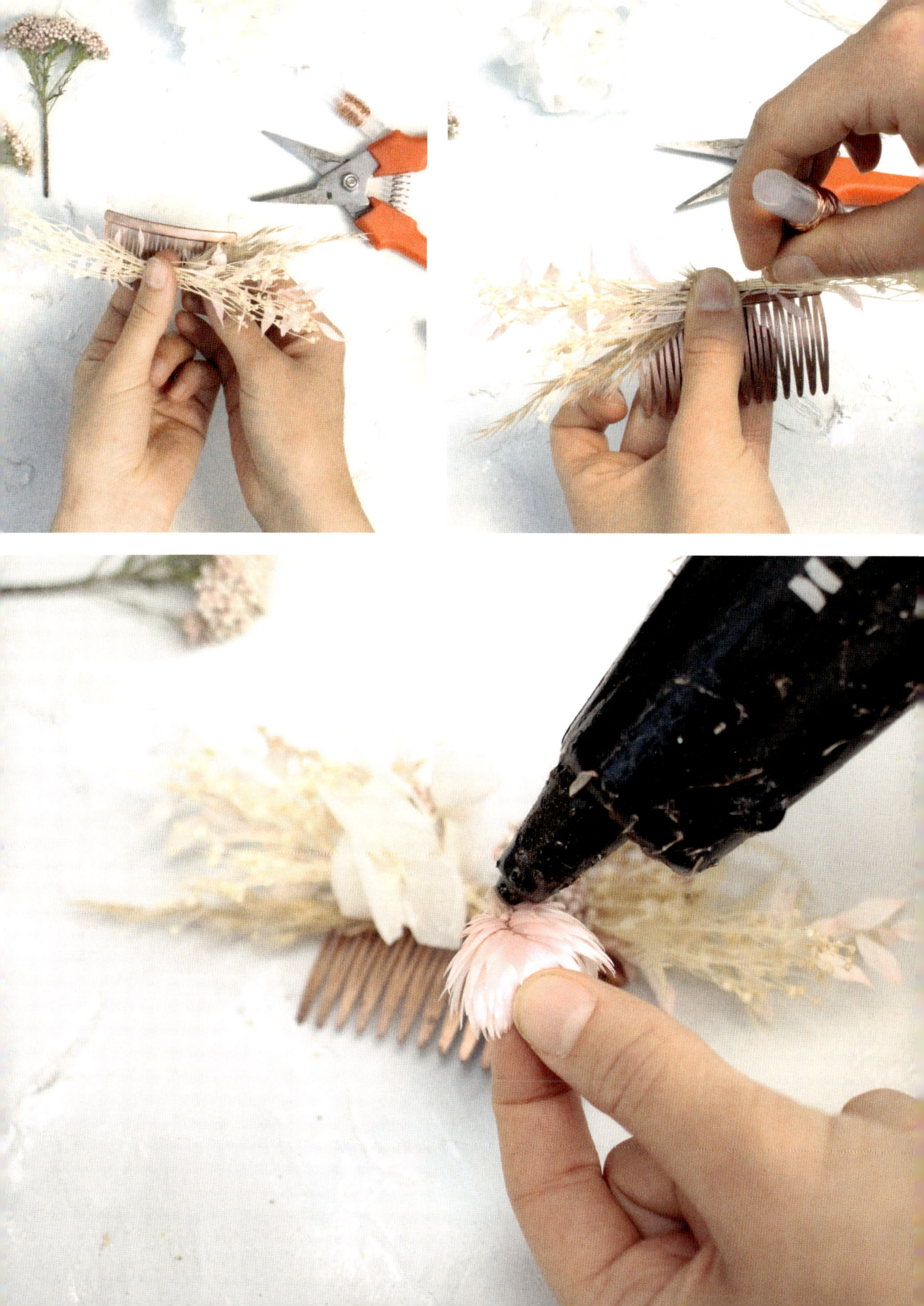

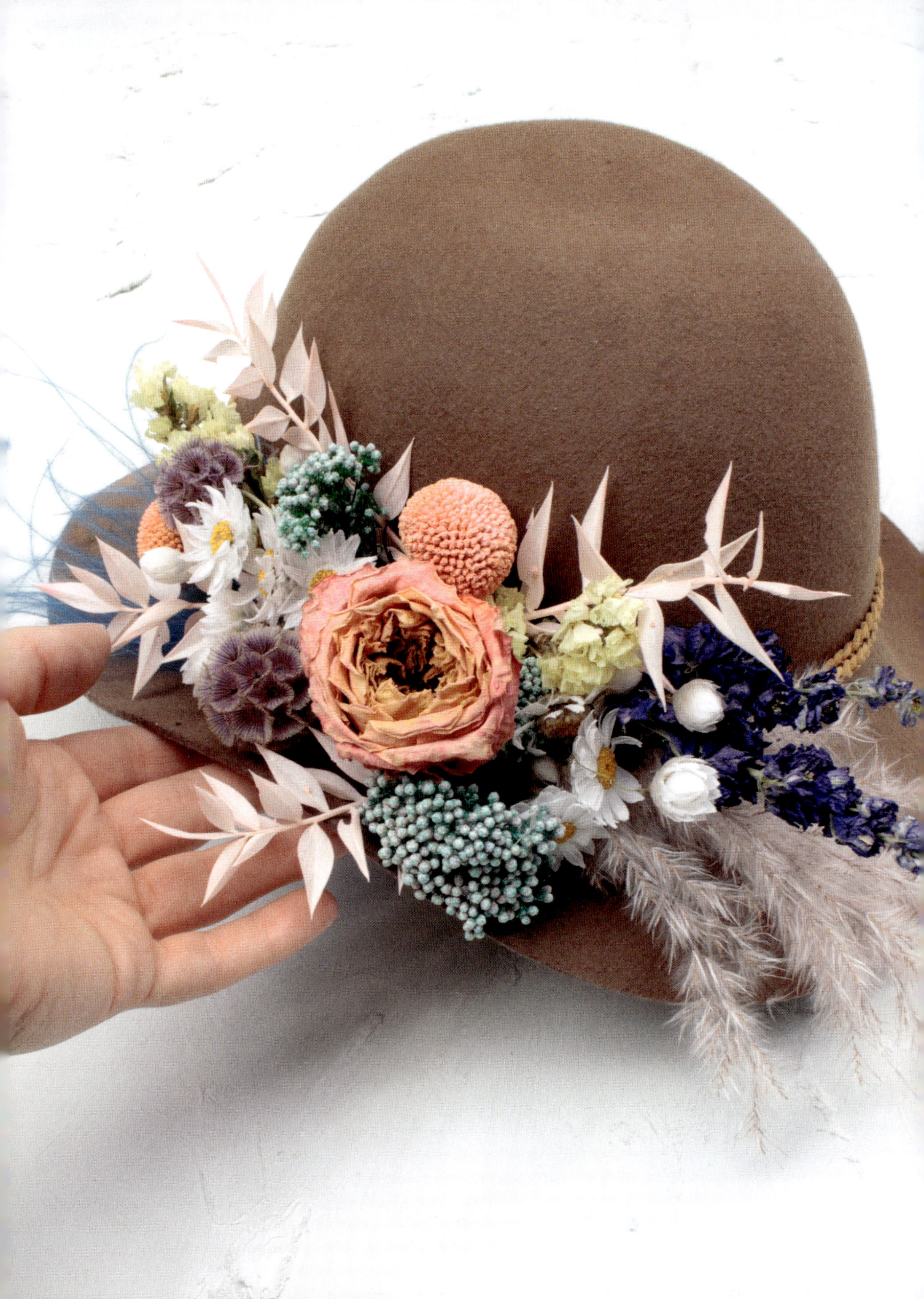

Blumenhut

Wir erfinden den mit Federn geschmückten Hut neu und zaubern ganz neue Kreationen aus Trockenblumen. Egal, ob wir einen kleinen, zarten Blütenakzent wählen oder eine opulent auffällige Dekoration: Der Blumenhut wird in Kürze zu deinem Lieblingsstück werden, das du nicht mehr missen möchtest. Mode trifft auf Blumen und schenkt dir ein ganz besonderes Lebensgefühl!

Blumenhut

Das brauchst du dazu:

Trockenblumen
Generell eignen sich Blumenmischungen mit sowohl großen Highlights als auch zarten Beiblütlern.

Unsere Auswahl:
Blaues Stipa Gras
Mintfarbene Reisblume
Türkiser Trommelschlägel
Blauer Rittersporn
Hellrosa Ruskus
Kugelskabiose
Rose

Sonstige Materialien
Einen Stroh- oder Filzhut mit Krempe
Ein stabiles Band oder eine Kordel
Dünnen Myrthendraht in einer dem Band angepassten Farbe
Heiß- oder Floralkleber

1) Hat dein Hut ein Band, so wähle eine Stelle seitlich an diesem Band aus, um den Myrthendraht festzuwickeln. An dieser Stelle werden die Blumen befestigt. Hast du kein Hutband, so wähle eine stabile Kordel aus und knote sie als Schlaufe so zusammen, dass sie perfekt um den Hut passt. Optimal ist es, wenn du diese Kordel an zwei bis drei Stellen festnähst.

2) Du arbeitest in beide Richtungen. Das bedeutet, deine Blumen dürfen sowohl nach links als auch nach rechts blicken. Lege zunächst die langen Gräser und Zweige an. Sie dürfen sich als längste Pflanzenteile an den Hut anschmiegen. Umwickle sie mit dem Myrthendraht.

3) Zur Bindestelle und Mitte hin arbeitest du mit immer kürzeren Pflanzenteilen, die du anlegst und festwickelst. So tastest du dich Stück für Stück zur Mitte vor. Während der Rittersporn und die Gräser weit herausragen, werden Trommelschlägel und die mintfarbene Reisblume kürzer angelegt.

4) Als besonderes Highlight wählst du eine große Blüte aus. Diese kann mit Floral- oder Heißkleber auf dem umwickelten Band festgeklebt werden.
Wir haben hier als besonderen Blickfang eine im Eierkarton getrocknete Rose gewählt.

»Tipp«

Du hast einen Lieblingshut und möchtest ihn am liebsten für jedes Outfit passend gestalten? Dann binde verschiedene Blumenbänder mit dieser Technik und bewahre sie sorgfältig auf. So kannst du sie je nach Anlass auswählen und um den Hut binden.

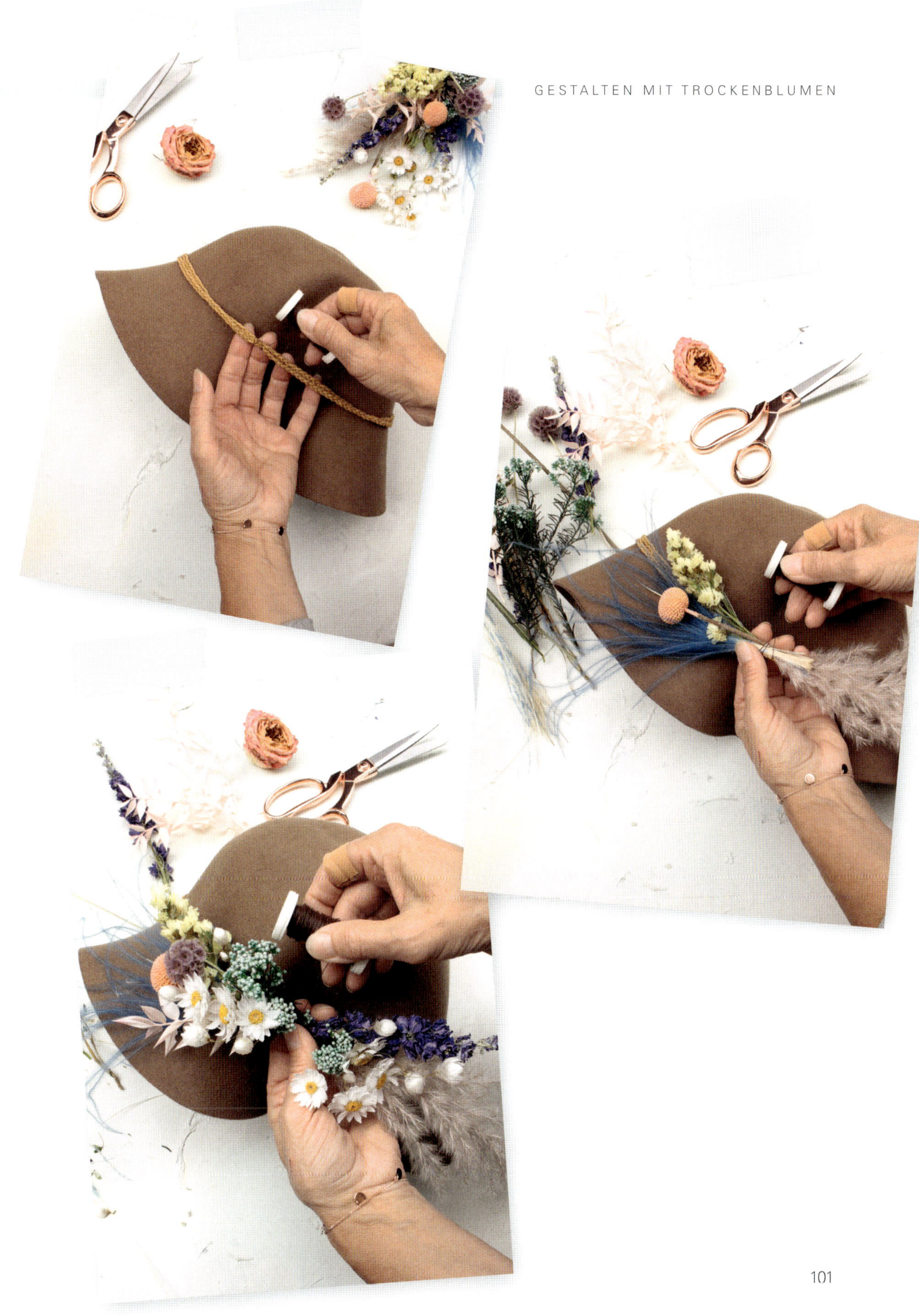

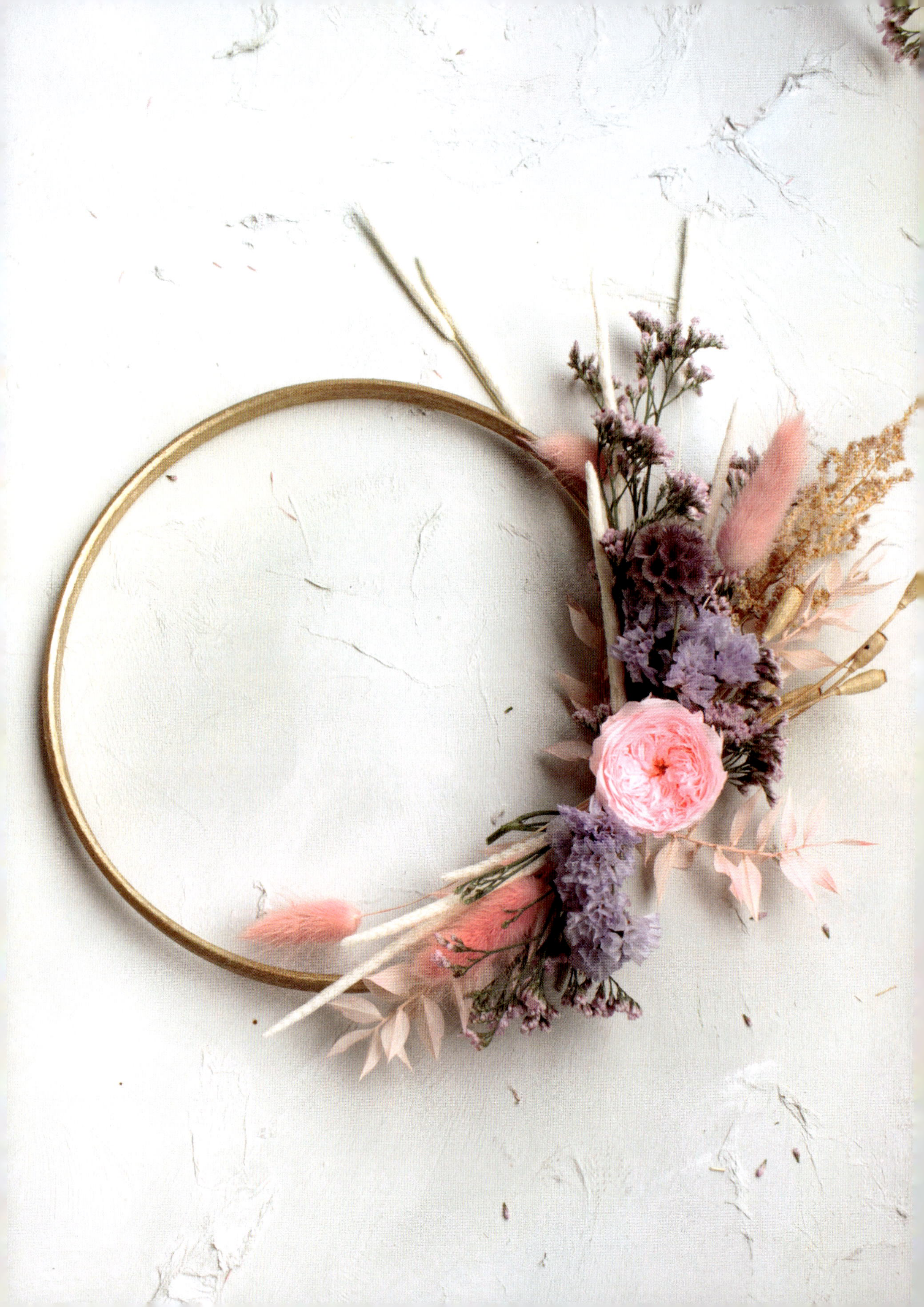

Blumenreif mit Akzent

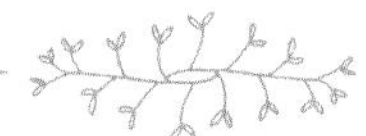

Blumenreife mit Akzent kannst du auf die unterschiedlichsten Weisen gestalten. Wunderschön sind Ringe aus Metall oder Holz, aber auch aus Zweigen können hübsche Kränze gewunden werden. Der Blumenreif ist eine moderne Alternative zum Blumenkranz. Er wirkt zarter und kann auch an deiner Wand oder vor dem Fenster platziert werden.

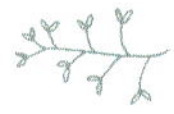

Blumenreif mit Akzent

Das brauchst du dazu:

Trockenblumen
Getrocknete Gräser, Kapseln und Blüten

Unsere Auswahl:
Rosa Astilbe
Rosa Ruskus
Fliederfarbene Staticie
Rosa Strandflieder/ Limonium
Gefriergetrocknete Rose
Violette Kugelskabiosen
Rosa Lagurus-Gras
Mohnkapseln und Gräser

Sonstige Materialien
Einen Metall- oder Holzreif
Dünnen Myrthendraht
Heißkleber
Gartenschere oder Messer

1) Wickle den Myrthendraht am Reif fest, sodass er nicht verrutscht. Wir beginnen mit dem rechten Blumenakzent. Nehme zuerst die längeren Blütenteile und lege sie so an, dass sie sich an den Reif anschmiegen. Wickle sie als kleines Blumenbündel fest.

2) Nehme immer kürzere Pflanzenteile und lege sie über die längeren. So arbeitest du schuppenförmig. Deine Bindestelle ist nur zwei bis drei Zentimeter breit. Auf diese Weise behalten die Pflanzenteile genug Leichtigkeit und sind nicht zu streng an die Form angebunden.

3) Wir arbeiten in der Anordnung mit dem goldenen Schnitt. Der rechte Akzent ist der längere. Nun gestalten wir die gegenläufige Richtung. In diese Richtung arbeiten wir auf dieselbe Weise. Allerdings sind die Blütenteile nur halb so lang wie auf der rechten Seite. Auf diese Weise gestalten wir einen asymmetrischen Reif.

4) Die Bindestelle und Mitte ist ein besonderer Hingucker, wenn wir sie mit einem Akzent versehen. Wir haben hierzu eine gefriergetrocknete Rose gewählt. Diese wird mit Heißkleber befestigt.

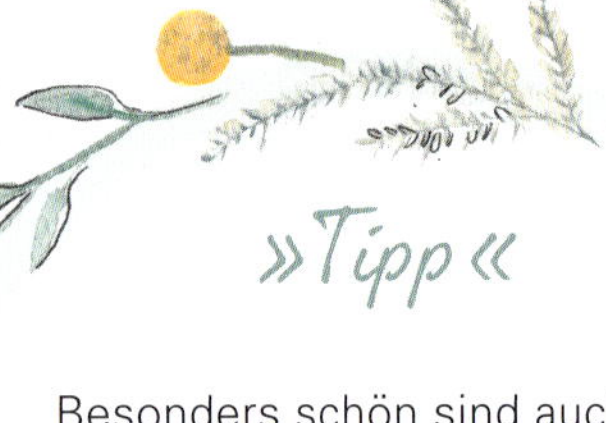

»Tipp«

Besonders schön sind auch aus Ästen gewundene Kränze. Diese kannst du anstelle eines Metall- oder Holzreifs als Basis verwenden und hast dadurch eine noch größere Bandbreite an Gestaltungsmöglichkeiten.

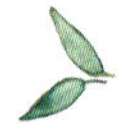

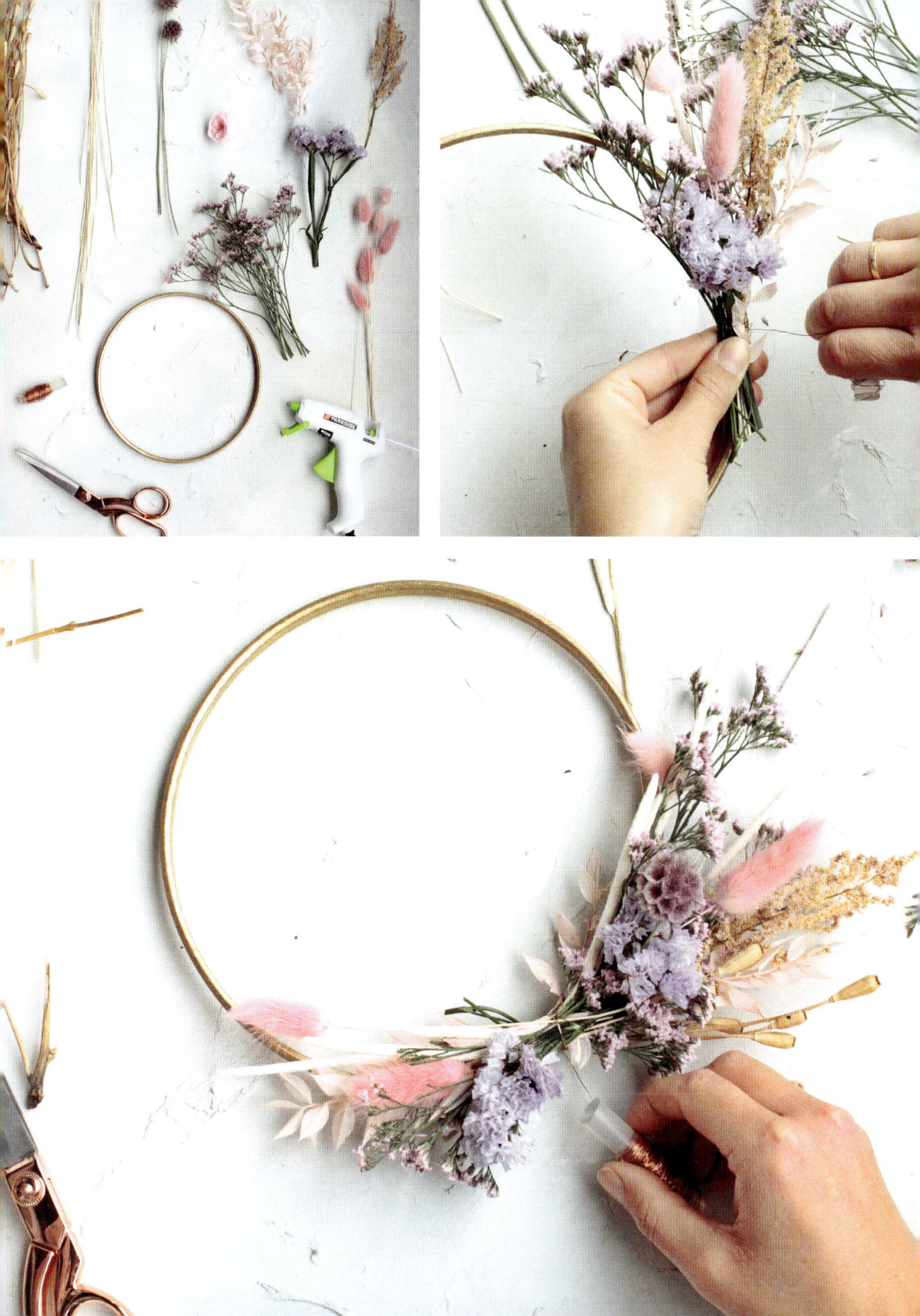
PARKSIDE

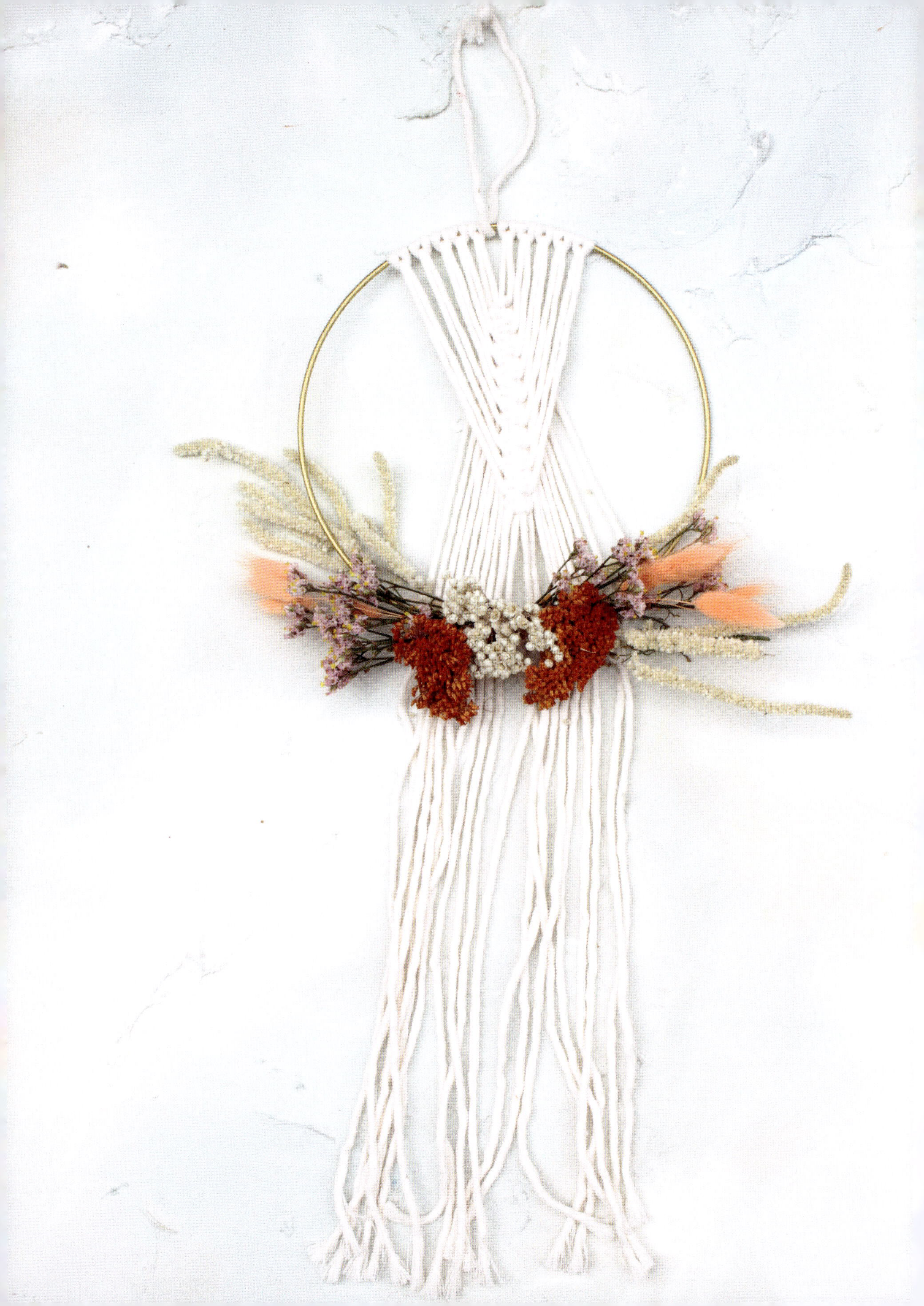

Traumfänger

Traumfänger versprühen den sommerlichen Charme von Leichtigkeit und Gelassenheit. Mit Blumen versehen wirken sie freundlich und lebendig. Wenn du wissen möchtest, wie man nicht nur den Blumenakzent, sondern auch den Makramee-Traumfänger selbst gestaltet, so darfst du dich gerne auf unserer Homepage einlesen, um deine eigene Kreation zu verwirklichen.

Traumfänger

Das brauchst du dazu:

Trockenblumen
Besonders gut eignet sich eine Kombination aus länglichen Bewegungsformen und füllende Blüten.

Unsere Auswahl:
Amaranthus
Pfirsichfarbenes Lagurus-Gras
Kupferbraune Schafgarbe (Achillea)
Strandflieder

Sonstige Materialien
Makramee-Traumfänger (eine Anleitung hierfür findest du auf www.annas-blumenpoesie.de/DIY)
Dünnen Myrthendraht

1) Fächere die Schnüre des Traumfängers so auf, dass du den Blütenakzent gut zwischen ihnen befestigen kannst. Du kannst die Knoten am Metallreif einfach verschieben. An dieser Lücke wickelst du nun den Myrthendraht fest.

2) Lege in beide Richtungen die längeren Pflanzenteile an den Metallring an. Wir gestalten einen Akzent aus Trockenblumen am unteren Teil des Rings.

3) Ordne die Pflanzenteile wie Lagurus-Gras gleichmäßig auf beiden Seiten an. Achte auf eine harmonische Farbverteilung, aber keine streng symmetrische Anordnung. So wirkt die florale Dekoration natürlicher.

4) Die Bindestelle kann mit den größeren Achillea-Blüten versehen werden. Diese werden kurz abgeschnitten und fest mit dem Myrthendraht umwickelt. Verwahre den abgeschnittenen Draht auf der Rückseite des Traumfängers. Hier kannst du ihn durch bereits gewickelte Schlaufen fädeln, festziehen und abschneiden. Schiebe die Knoten auf dem Metallring wieder zurück und freue dich am Ergebnis.

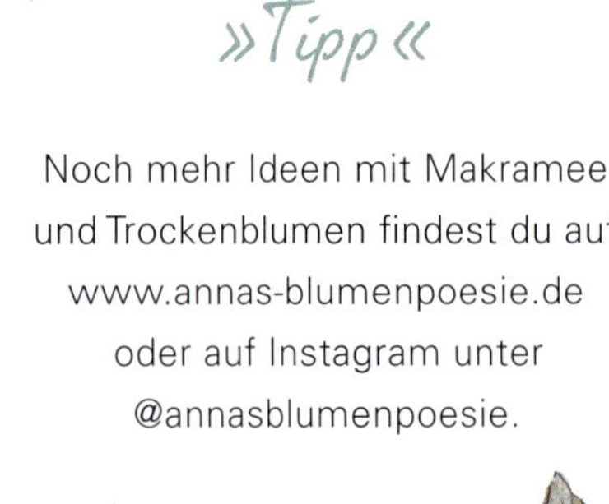

»Tipp«

Noch mehr Ideen mit Makramee und Trockenblumen findest du auf www.annas-blumenpoesie.de oder auf Instagram unter @annasblumenpoesie.

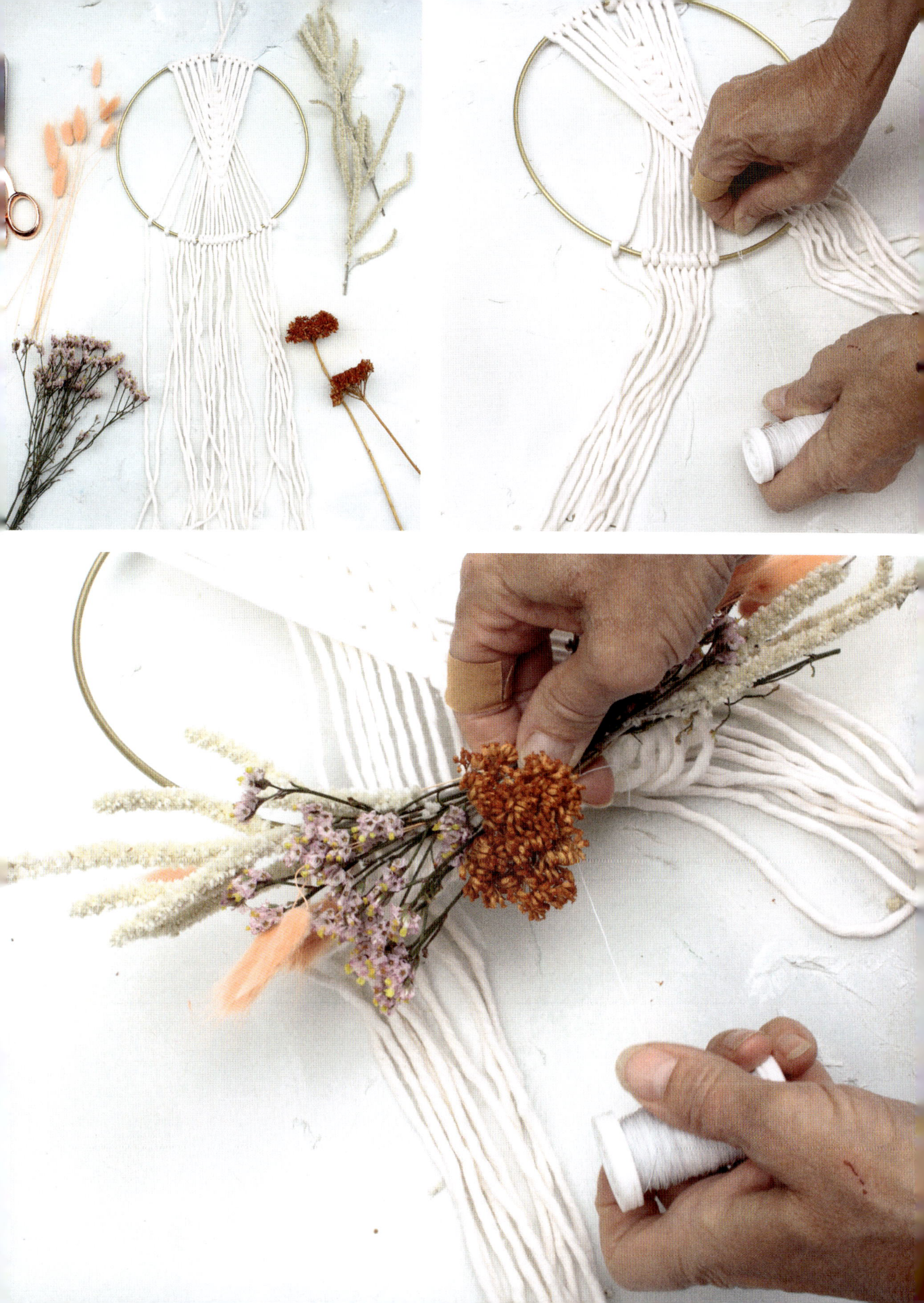

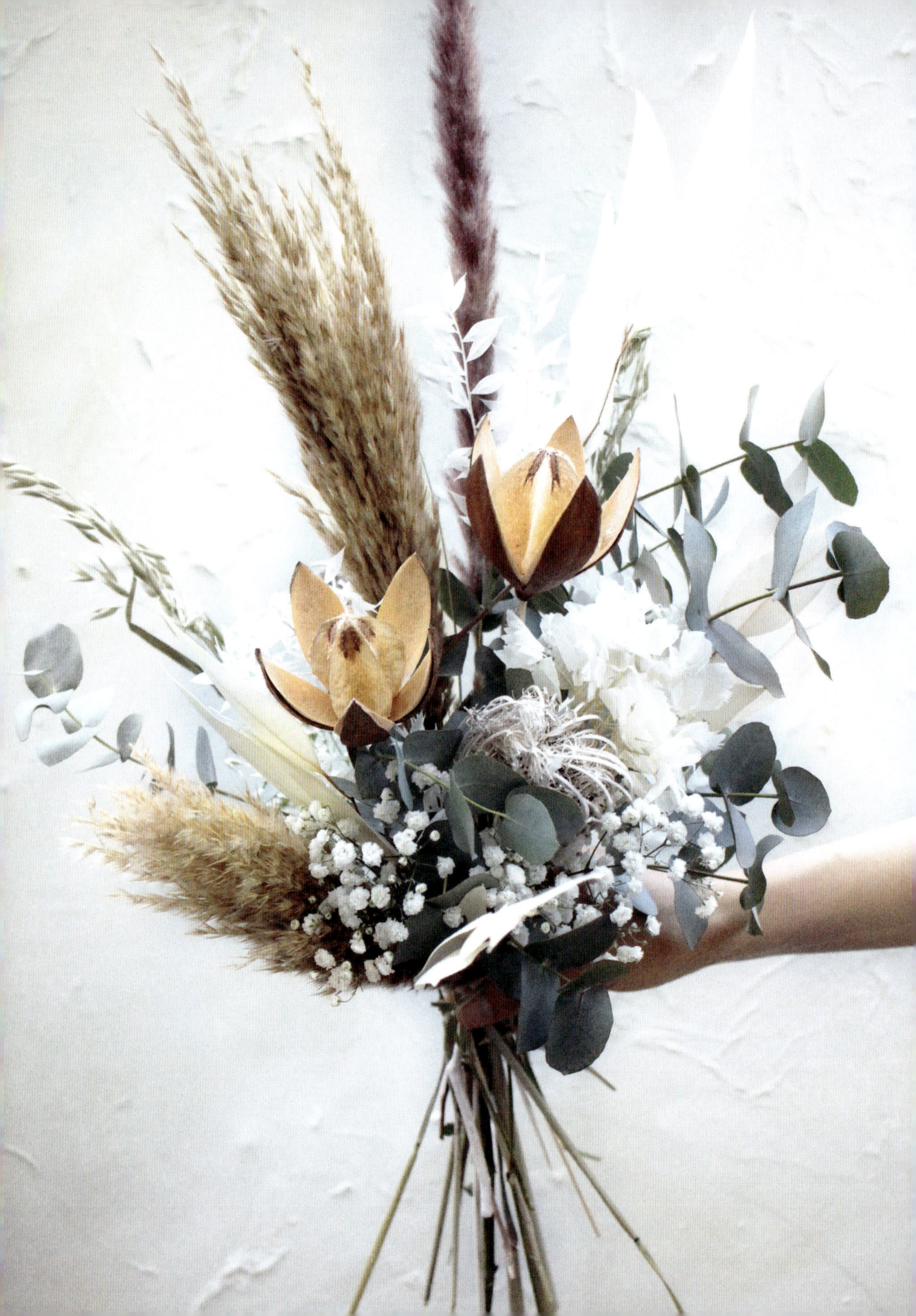

Trockenstrauß

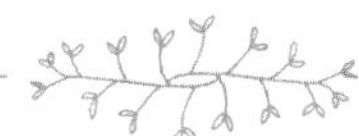

Blumensträuße sind eine hohe Kunst in der Floristik. Werden die Stiele spiralförmig angelegt, entfalten sich die Blumen besonders schön. Neben den kompakten, Kopf-an-Kopf gebundenen Sträußen können wir besonders mit Gräsern und Ähren spielen und diese tänzeln lassen. So entstehen auch »wiesig« leichte Kunstwerke.

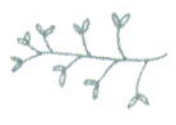

Trockenstrauß

Das brauchst du dazu:

Trockenblumen
Trockenblumen, am Draht oder Stiel getrocknet

Unsere Auswahl:
Lagurus-Gras
Pfingstrosen
Strohblumen
Strandflieder
Rosa Reisblume
Nigella-Kapseln

Sonstige Materialien
Juteschnur
Rebschere

1) Bereite zunächst deine Blumen vor. Alle Verzweigungen werden aufgeteilt und alle Blätter in oder unterhalb der Bindestelle müssen entfernt werden. Suche dir dann eine Mittelblume aus. Sie ist die wirkungsvollste und höchste Blume im Strauß. Sie übernimmt die Hauptrolle. Der zweite Blütenstiel kreuzt die Hauptblume. Diese beiden Blumenstiele bilden die Basis für unseren Strauß. Du hältst als Rechtshänder deinen wachsenden Strauß in der linken Hand. Die Blüten gibst du mit der rechten Hand dazu. Als Linkshänder machst du es genau andersherum.

2) Die Blumen werden nun spiralförmig angelegt. Sie bilden eine Diagonale zur Mittelblume, von links oben nach rechts unten. Drehe deinen Strauß langsam und vorsichtig, sodass die Stiele nicht verrutschen. Nur wenn du ihn drehst, kannst du von allen Seiten arbeiten und ihn gestalten. Achte auf eine harmonische, aber nicht zu symmetrische Farbverteilung.

3) Korrigiere nun deinen Strauß. Alle Blumen haben eine Sonnenwendigkeit, eine Blickrichtung. Sie sollten nun alle die Mitte ansehen. Ist das nicht der Fall, dann drehe die betreffende Blume vorsichtig an ihrem Stiel, um sie auszurichten.

4) Zum Abschluss kürzen wir die Stiele im goldenen Schnitt. Der obere Teil der Blütenstiele bis zur Bindestelle sollte 2/3 der Gesamtlänge betragen. Der untere Teil, von der Bindestelle bis zum Stielende, beträgt 1/3. In dieser proportionalen Länge schneidest du nun die Stiele mit der Rebschere gleichmäßig ab. Binde dann deinen Strauß mit Juteschnur so fest zusammen, dass er gut hält, die Stiele aber nicht abgeschnürt werden.

»Tipp«

Solltest du mit kürzeren Pflanzenteilen arbeiten, wie gefriergetrockneten Rosen, dann kannst du sie mit einem Drahtstab als »Ersatzstiel« versehen. Umwickle dafür den noch vorhandenen Stiel oder befestige einen Holzstab mit Heißkleber unterhalb deiner Blüte.

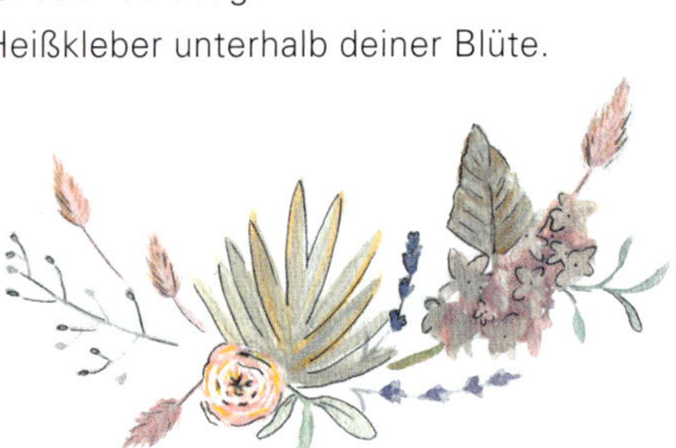

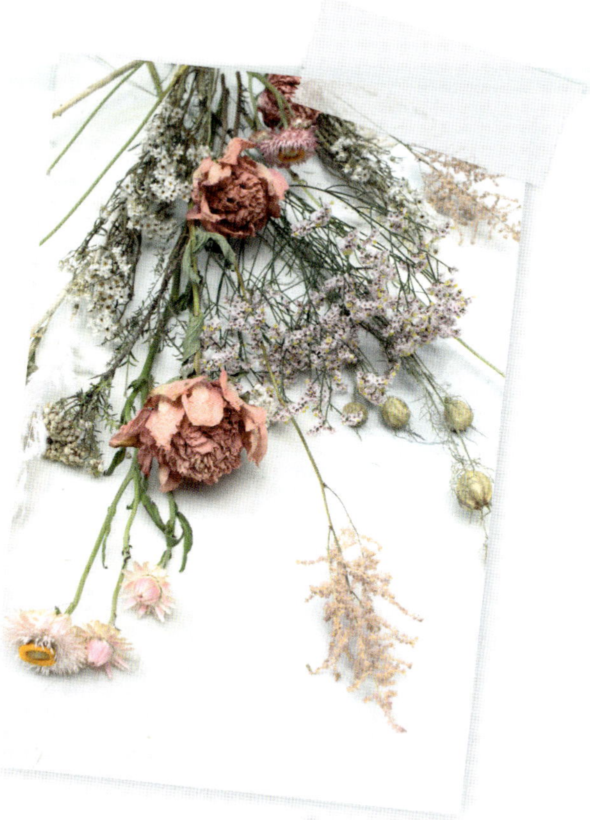

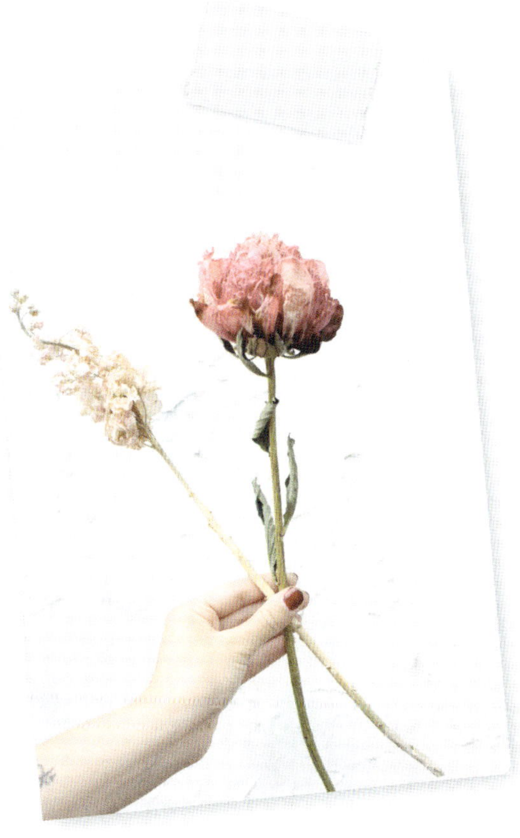

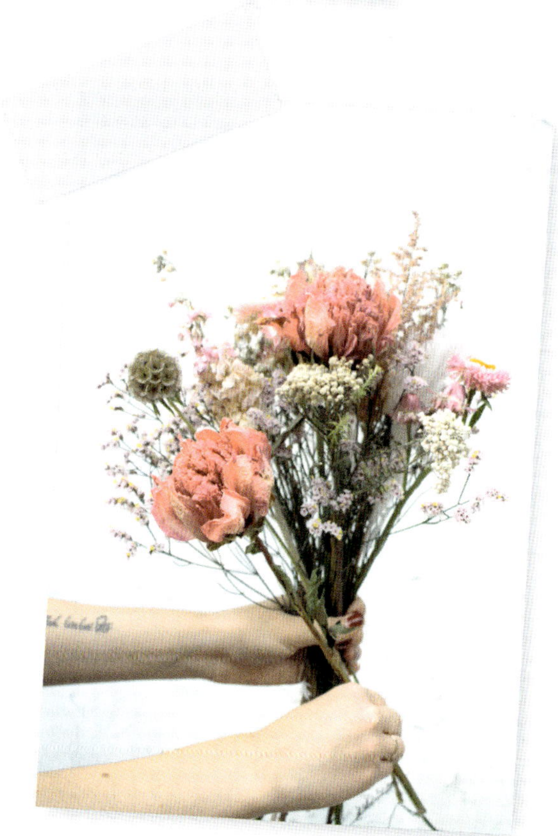

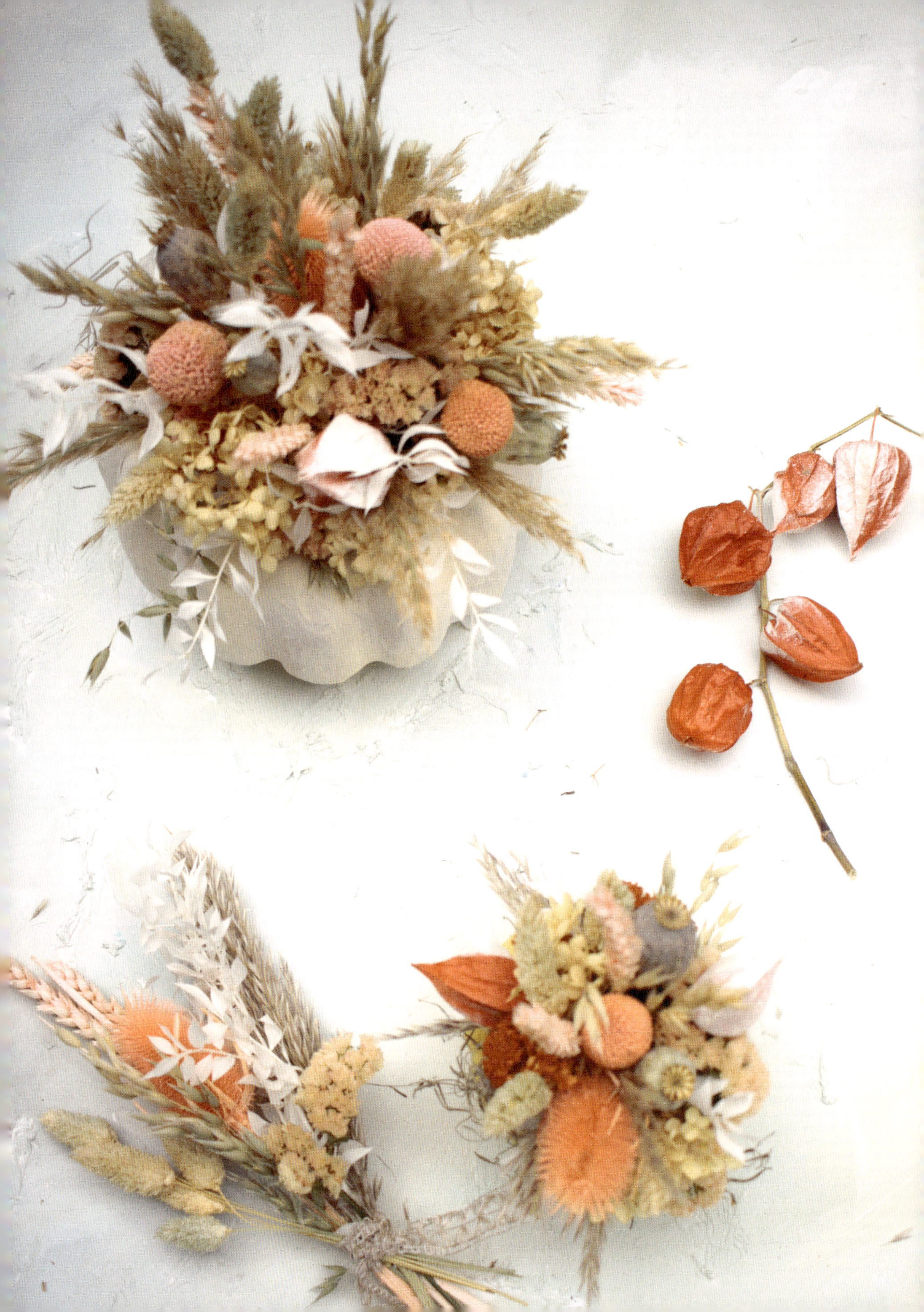

Kürbis- oder Tortentopping

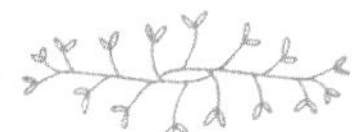

Diese Art des Gestecks ist nicht nur im Herbst ein wunderschönes Dekorationselement. In kleinen Schalen, auf Tellern oder sogar auf einer besonderen Geburtstags- oder Hochzeitstorte findet diese Form des Gestecks einen besonderen Platz. Das Schöne ist: Du kannst es umfunktionieren und immer wieder neu arrangieren.

Kürbis- oder Tortentopping

Das brauchst du dazu:

Trockenblumen
Generell eignen sich gemischte Trockenblumen und Gräser mit unterschiedlichen Strukturen.

Unsere Auswahl:
Apricotfarbene Distel
Mohnkapseln
Schafgarbe (Achillea) Blütenstand
Nigella Damascena
Orange Physalisfrucht
Gebleichter Weizen
Hafer natur
Pfirsichfarbene Staticie
Graue Tillandsie

Sonstige Materialien
Steckmasse &
Kürbis

1) Dieses Gesteck ist ideal geeignet als Dekoration für einen herbstlich verzauberten Kürbis oder als Topping-Gesteck für eine ganz besondere Torte. Zunächst schrägst du die Kanten deiner Steckmasse ab, damit du in alle Richtungen Blütenteile stecken kannst. Schneide den Stiel des Kürbisses kurz und befestige die Steckmasse auf dem Kürbis. Wenn du das Topping auf einer Torte platzieren möchtest, dann decke die Steckmasse gut mit Frischhaltefolie ab oder lege einen Pappdeckel zwischen die Torte und das Gesteck. Für ein Torten-Topping verwendest du am besten natürlich getrocknete und keine gebleichten oder chemisch behandelten Trockenblumen.

2) Suche dir einen Mittelpunkt. Wähle eine Hauptblume aus und stecke diese in die Mitte deines Gestecks. Sie definiert den Fokus und den »Wachstumspunkt«. Alle Stielenden kommen scheinbar aus derselben Stelle heraus. Die Blumen sind »Cupcake-förmig«, wie Sonnenstrahlen, angeordnet. Damit die Blumen eine schöne Verbindung zum Untergrund bekommen, kannst du luftig graue getrocknete Tillandsie um die Steckmasse wickeln.

3) Fülle nun dein Topping-Gesteck. Denke beim Einstecken daran, dass du möglichst sanft mit der Steckmasse umgehst, sodass sie nicht auseinander bricht oder porös wird. Stecke die Blumen so, dass sie sich in alle Richtungen entfalten. Denke dabei auch daran, einige Pflanzenteile so zu platzieren, dass sie sich an dem Kürbis oder auch der Torte hinunter zu neigen scheinen.

»Tipp«

Möchtest du dein Gesteck auch zu anderen Jahreszeiten verwenden, kannst du es einfach von dem Kürbis herunternehmen und in eine Schale oder auf einen Teller dekorativ arrangieren. In einer alten Tasse ist es zum Beispiel ein schön drapiertes Dekorationselement.

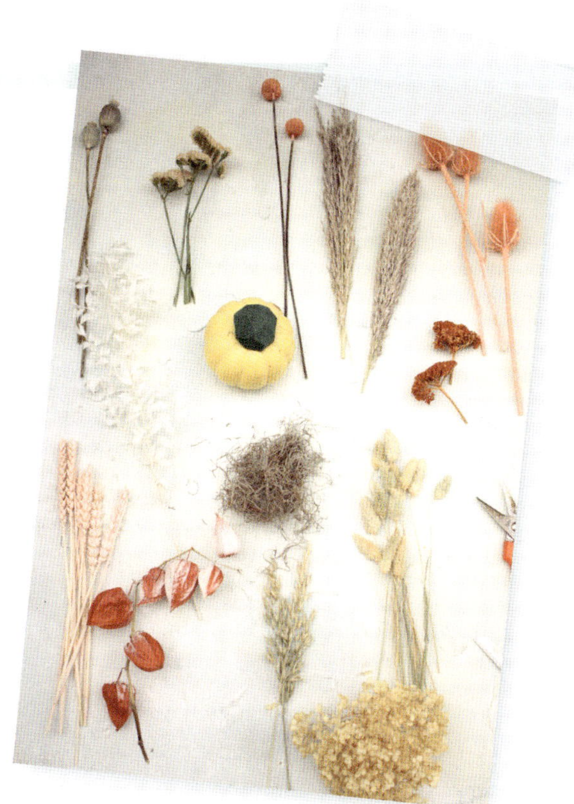

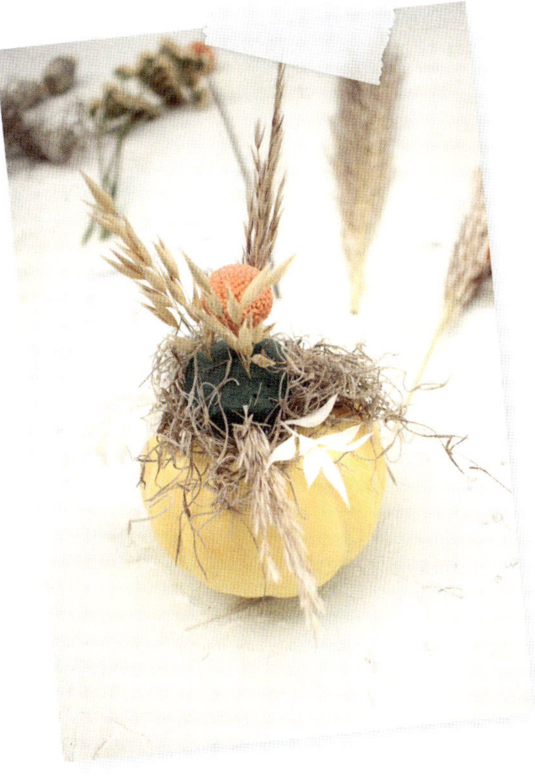

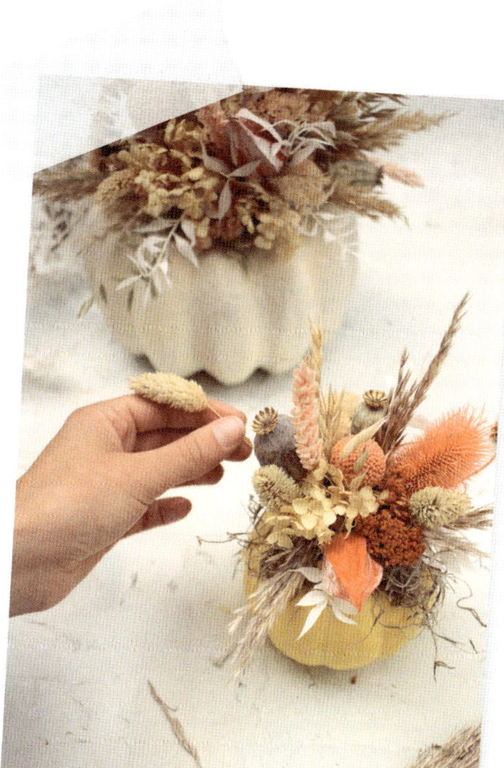

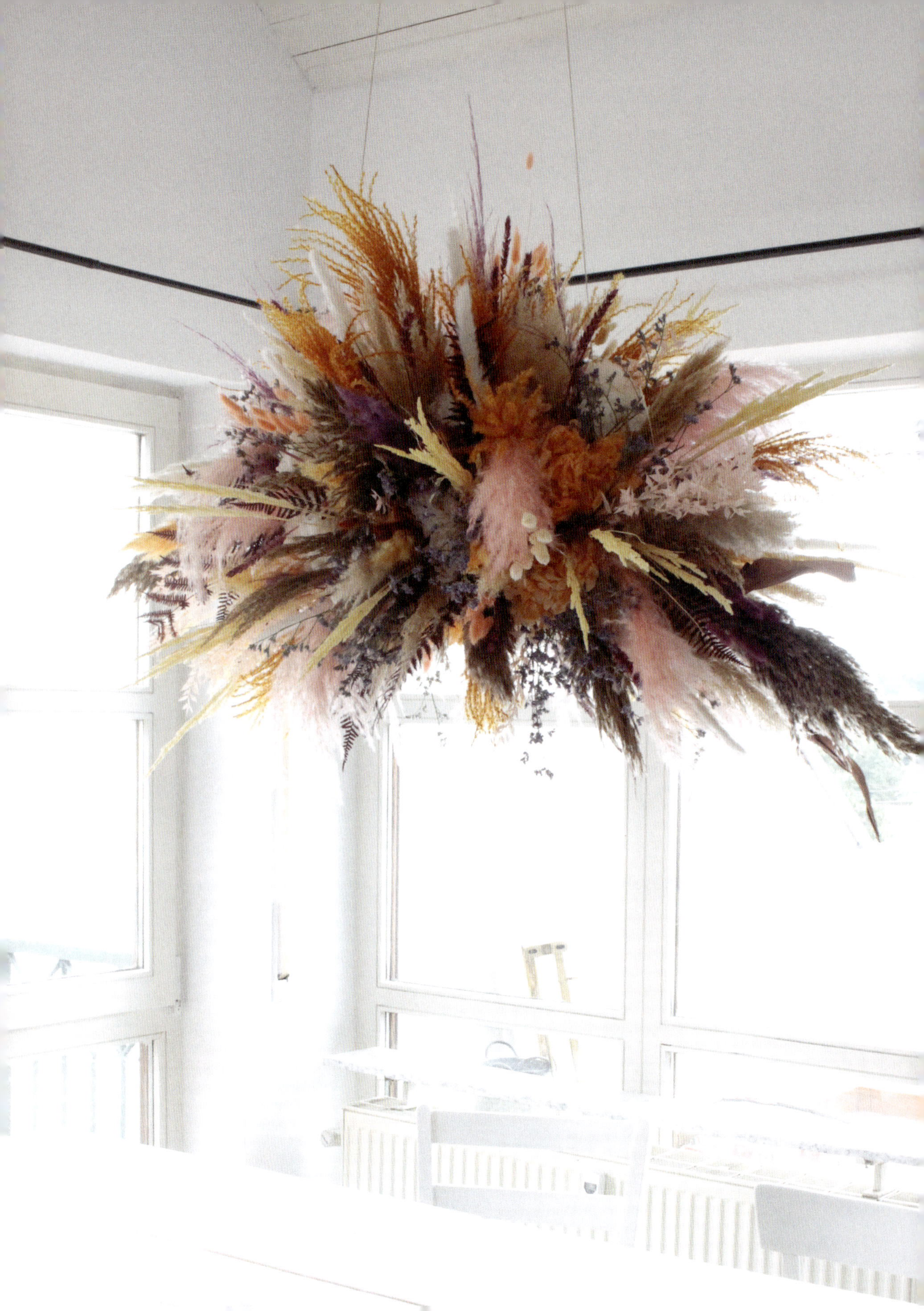

Blumenwolke

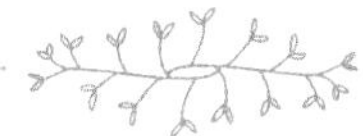

Die Blumenwolke ist eine besondere Art, Blumen im Raum zu platzieren. Sie schweben von der Decke und bilden ein neues Gestaltungselement. Hohe Räume werden dadurch eingerahmt und besondere Orte wie deine Sitzecke werden betont. Die Wolke kann aus Blumen oder Gräsern gesteckt werden und zeichnet sich meist durch ihre füllige und doch leichte Form aus.

Blumenwolke

Das brauchst du dazu:

Trockenblumen
Generell eignen sich füllende Blumen wie Hortensie und luftige Gräser verschiedener Art.

Unsere Auswahl:
Gebleichte Hortenise
Ruskus
Pampasgras
Rosa Strandflieder
Pfirsichfarbene Disteln
Rosa Reisblume
Weißes Mini-Pampasgras

Sonstige Materialien
Steckmasse in Ziegelform
Hasendraht
Haken für die Befestigung in der Decke
Juteschnur
Eine Leiter

1) Umwickle zunächst deinen Steckmassen-Ziegel mit Hasendraht. Dann kannst du durch die Maschen des Drahtes die Juteschnur zur Aufhängung befestigen. Das Gerüst aus Hasendraht verhindert, dass die Steckmasse zerbricht und auseinander fällt.

2) Bereite als nächstes deine Trockenblumen vor. Sortiere sie nach Sorten, sodass du sie griffbereit hast. Setze dir nun Fixpunkte in der Steckmasse, indem du Blumen oder Gräser feststeckst. Diese bestimmen die Breite, Höhe und Tiefe deiner Blumenwolke.

3) Fülle nun die Zwischenräume deiner Markierungsblumen aus. Denke dabei daran, einen Wechsel aus füllenden, voluminösen Blumen und länglichen Formen zu erzeugen. Die Blumen dürfen gestaffelt angeordnet werden, in unterschiedlichen Höhen. Halte dich aber an das Maß, dass du dir zu Beginn gesteckt hast.
Es bietet dir Orientierung und hilft dir dabei, deine gewünschte Form zu gestalten.

4) Bleibe beim Arbeiten ständig in Bewegung. Arbeite nicht nur auf einer Seite, denn so entstehen »Schokoladenseiten-Gestecke«. Klettere auf die Leiter, gehe wieder herunter, wechsle die Seiten. Verweile nicht zu lange an einer Stelle, sondern versuche, zügig und fröhlich zu arbeiten. So entsteht ein lebendiges und dynamisches Gesteck für deinen Lieblingsplatz.

»Tipp«

Ein besonderes Highlight zauberst du, wenn deine Blumenwolke zugleich deine Beleuchtung ist. Hierzu sind Glühbirnen oder LED-Leisten, die du im Vorfeld anbringst, besonders schön. Achte dabei darauf, dass das Leuchtmittel keine Wärme abgibt.

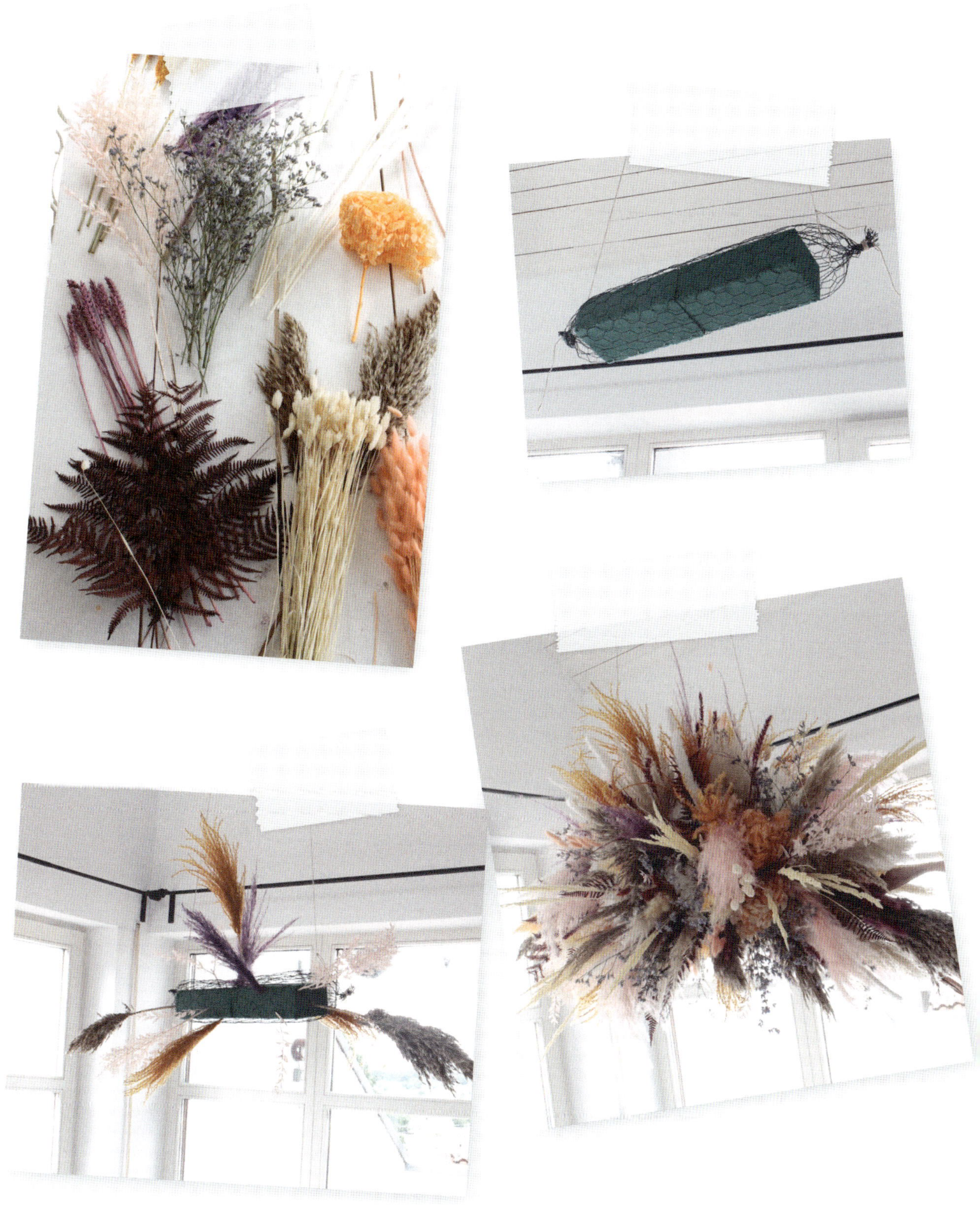

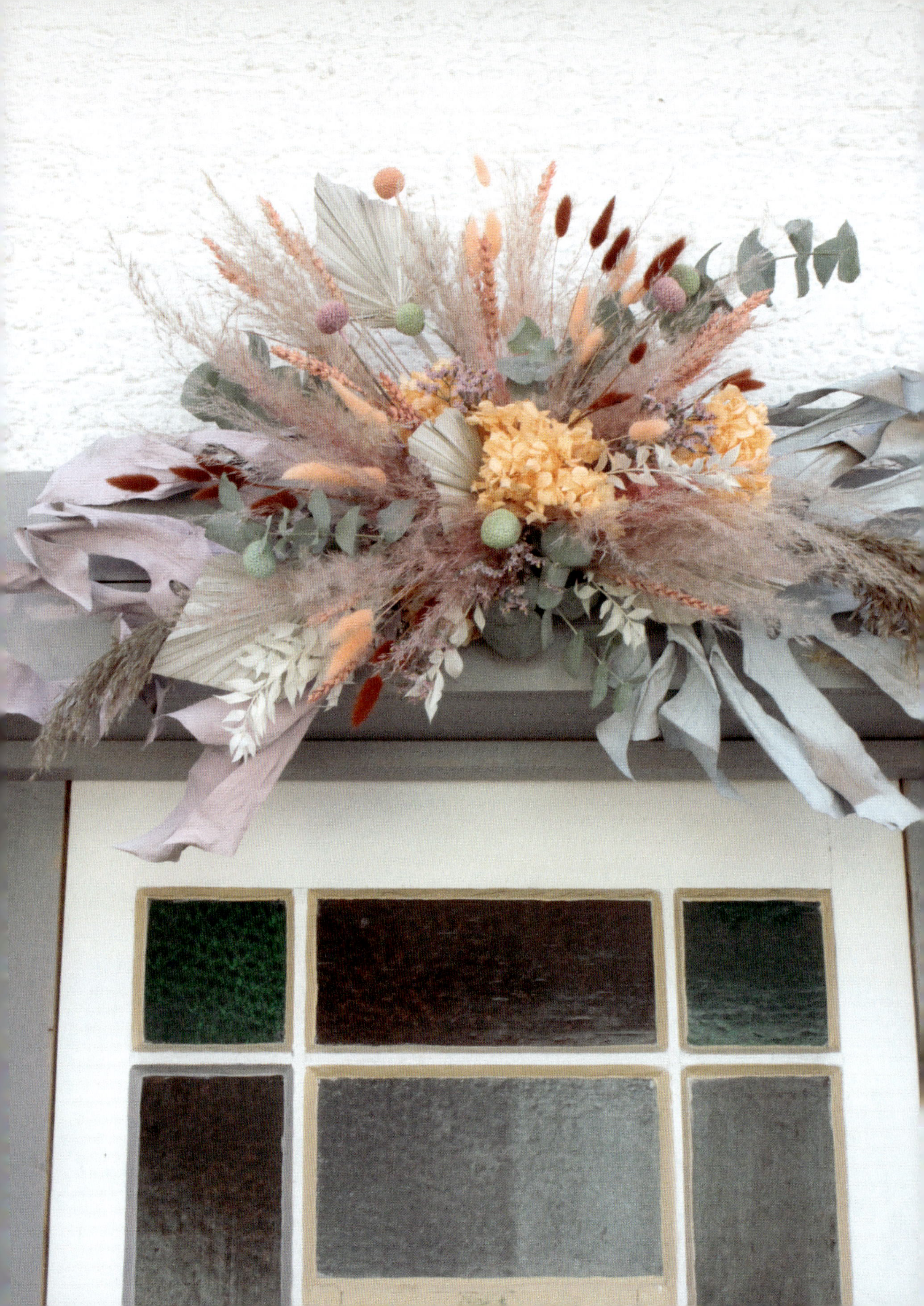

Headpiece – ein Wandgesteck

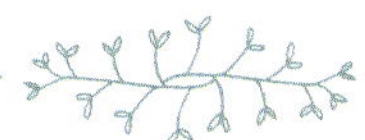

Das Wandgesteck ermöglicht dir neue Dekorationsideen. Du möchtest einen Blickfang in deinem Zuhause schaffen oder eine Fotowand aufwerten? Auch über einem großen Bild oder deinem Spiegel ist das Headpiece einfach platziert. Durch die leichten Trockenblumen benötigst du nur einen Nagel in der Wand zur Befestigung und kannst es über Türen und an Wänden wunderbar dekorieren.

Headpiece

Das brauchst du dazu:

Trockenblumen
Generell eignen sich gemischte Blumen. Wähle hier nicht zu kleinteilige Blüten aus, da die Gestaltung auch von der Ferne wirken sollte.

Unsere Auswahl:
Monsterablätter (mit Kreidefarbe versehen)
Pampasgras
Broom Bloom
Trommelschlägel
Farn
Gebleichter Ruskus
Strandflieder

Sonstige Materialien
Steckmasse mit Hängevorrichtung

1) Das Headpiece nennen wir so, weil es wunderschön als Kopfteil über Türen oder einem besonderen Fenster, genauso aber auch einem Spiegel oder Lieblingsbild, aufgehängt werden kann.
Die Besonderheit ist, dass wir eine Gesteck-Grundform wählen, die sich an die Wand hängen lässt. Am besten ist es, wenn du das Gesteck bereits vor dem Arbeitsprozess an der zukünftigen Stelle befestigst. Auf diese Weise kannst du es auf den Bestimmungsort optimal abgestimmt gestalten. Die Blumen stecken wir fächerförmig. Wir platzieren also zunächst drei wichtige Punkte mit Blumen: Den höchsten und mittelsten Punkt sowie die beiden äußersten Punkte auf der linken und rechten Seite.

2) Finde heraus, wie weit das Gesteck in den Raum ragen darf und fixiere dir diese Tiefe mit zwei weiteren Punkten. Dafür steckst du unterhalb des Mittelpunkts an zwei Stellen Blüten in die Steckmasse, die bis zur definierten Tiefe herausragen. Diese Blüten dienen dir als Rahmen und Markierung zum weiteren Stecken.

3) Fülle die Zwischenräume unter Beachtung der gesetzten Markierungsblumen bewusst mit deiner Trockenblumenauswahl. Denke dabei an die fächerförmige Steckweise. Die Stiele werden so gesteckt, dass sie aus demselben Punkt heraus zu wachsen scheinen.

4) Setze einzelne Highlights mit größeren Blüten als Abschluss. Sie bewirken einen Blickfang und setzen eine Betonung.

»Tipp«

Wunderschön ist das Headpiece auch als Alternative für einen Türkranz über deiner Wohnungstür.

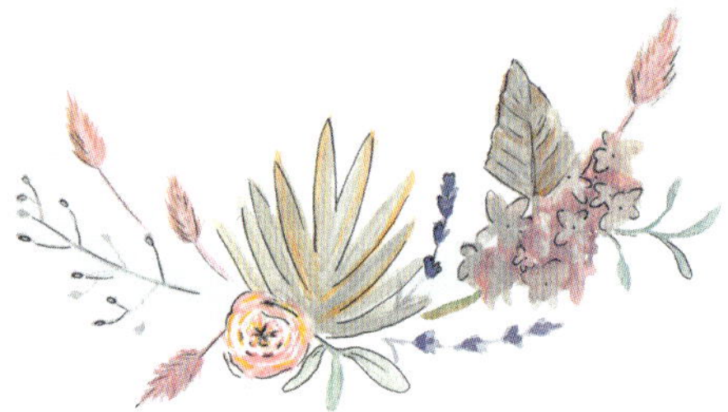

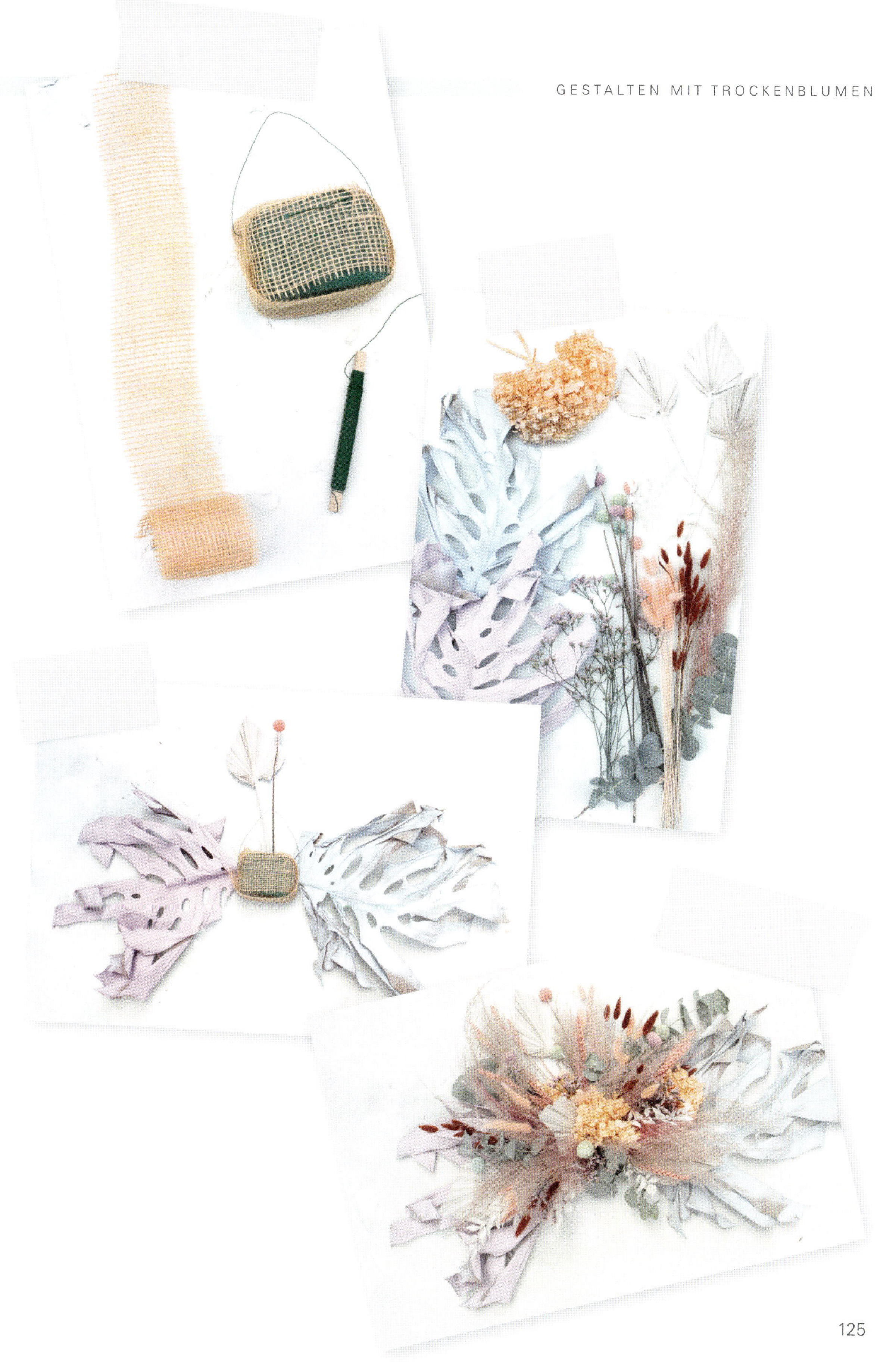

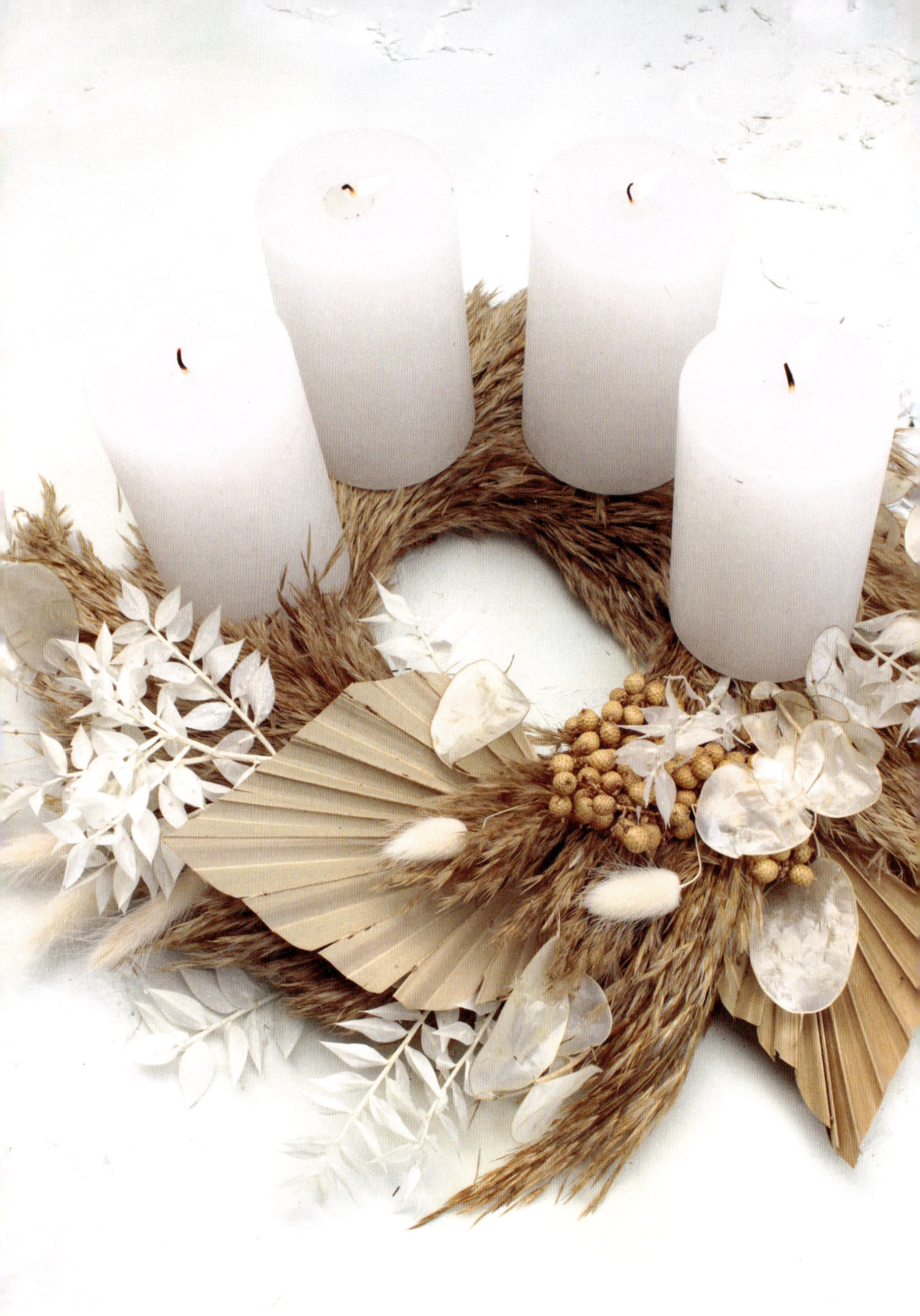

Floraler Adventskranz

Adventskränze bekommen einen neuen Charakter aus Gräsern, Blüten und floralen Elementen. Sie können einfach als Trockenkranz umfunktioniert werden. Vielleicht erfreuen sie dich, wenn du sie gut lagerst, auch im nächsten Jahr noch als Adventskranz.

Floraler Adventskranz

Das brauchst du dazu:

Trockenblumen
Gemischte kurze Trockenblumen

Unsere Auswahl:
Sunspear natur
Gebleichter Ruskus
Lunnaria
Canella Beeren
Weiße Lagurus-Gräser

Sonstige Materialien
Einen gebundenen Kranz aus Pampasgras oder einen Strohrömer
Vier Kerzen
Drahtstäbe
Eine Kerze zum Anzünden
Streichhölzer
Drahtschere und Rebschere

Wichtig

Die Drähte, die Kerze und Kranz verbinden, können sich stark erhitzen und im Kranz zu schwelen beginnen. Lösche also sofort die Kerzen, wenn es angebrannt riecht, auch wenn du keine Flamme siehst.

1) Zuerst erhitzt du die Drahtstäbe über einer Kerzenflamme. Die heißen Drähte werden jeweils vorsichtig in die Unterseiten der vier Kerzen gesteckt. Kürze die Drähte so, dass sie gut in den Strohkern des gebundenen Kranzes gesteckt werden können. So sparst du auffällige Kerzenhalter und die Kerzen können schön zur Geltung kommen. Stecke die vier Kerzen im hinteren Teil des Kranzes fest.

2) Den vorderen Teil des Kranzes verzierst du nun mit deinen Trockenblumen. Wir ordnen die Blumen so an, als würden sie sich von rechts nach links bewegen. Das bedeutet, dass alle Blumenteile nach links schauen und sich entlang der Kranzform anschmiegen.

3) Nun hast du den Kranz mit Kerzen und kleinen Floralien bestückt. Jetzt dürfen die Highlights – in unserem Fall die Sunspear-Blätter – folgen. Diese werden in die Drahtschlaufen eingesteckt. Fächere dazu die Gräser etwas beiseite, sodass du die Blätter gut einfügen kannst.

4) Als letzten Schritt kannst du die restlichen Trockenblumen noch ergänzend im Kranz verteilen. Wichtig ist außerdem, dass du den Kranz mit einem Feuerschutzspray versiehst. Dieses bekommst du als Sprühflasche im Baumarkt oder Bastelladen. Trockenblumen fangen leichter Feuer als grüne Adventskränze. Deshalb ist es wichtig, den Adventskranz mit angezündeten Kerzen nicht aus den Augen zu verlieren. Genieße die Vorweihnachtszeit mit deinem selbstgebundenen Stimmungszauber.

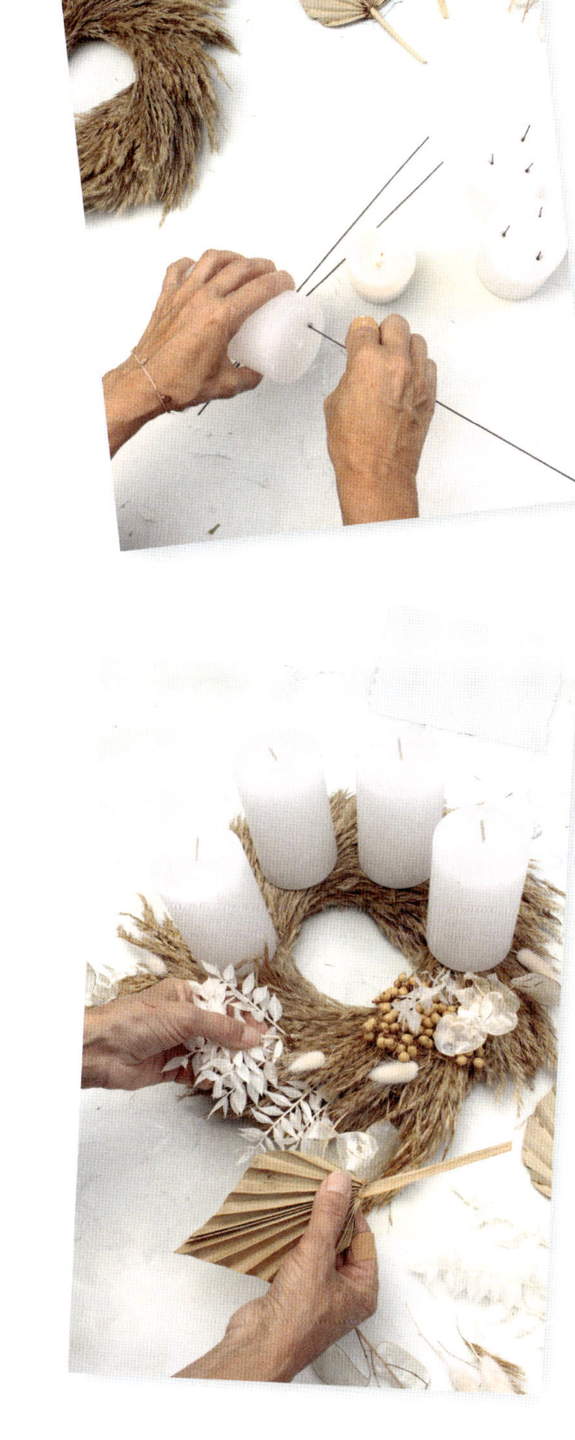

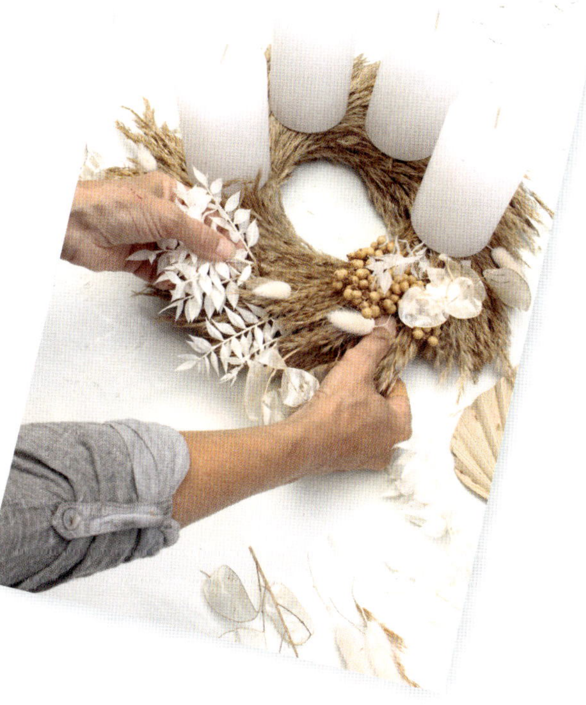

Lass dich inspirieren

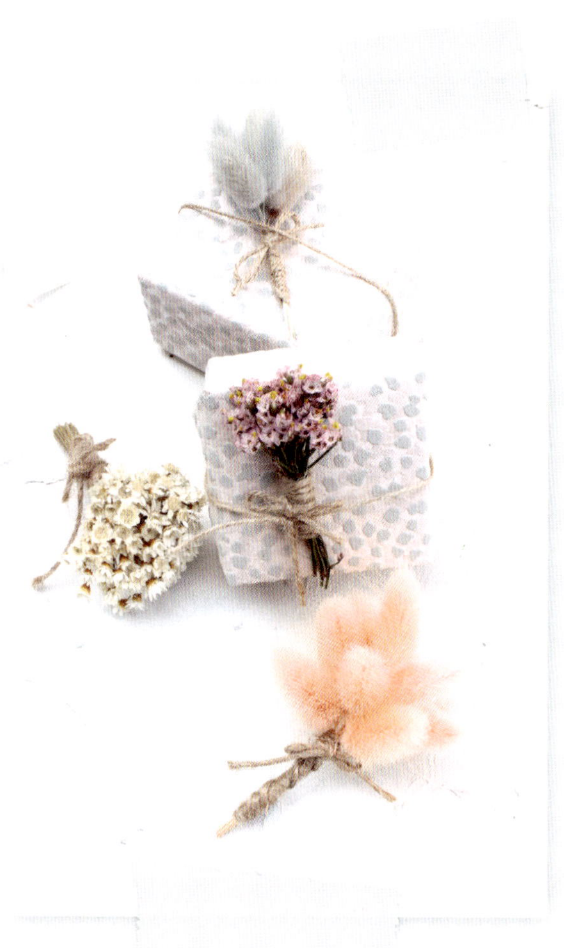

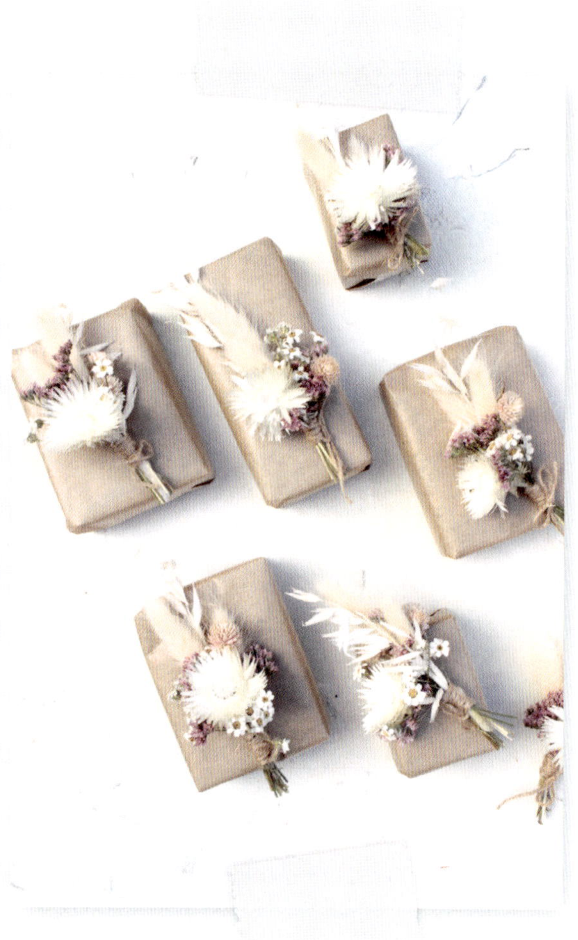

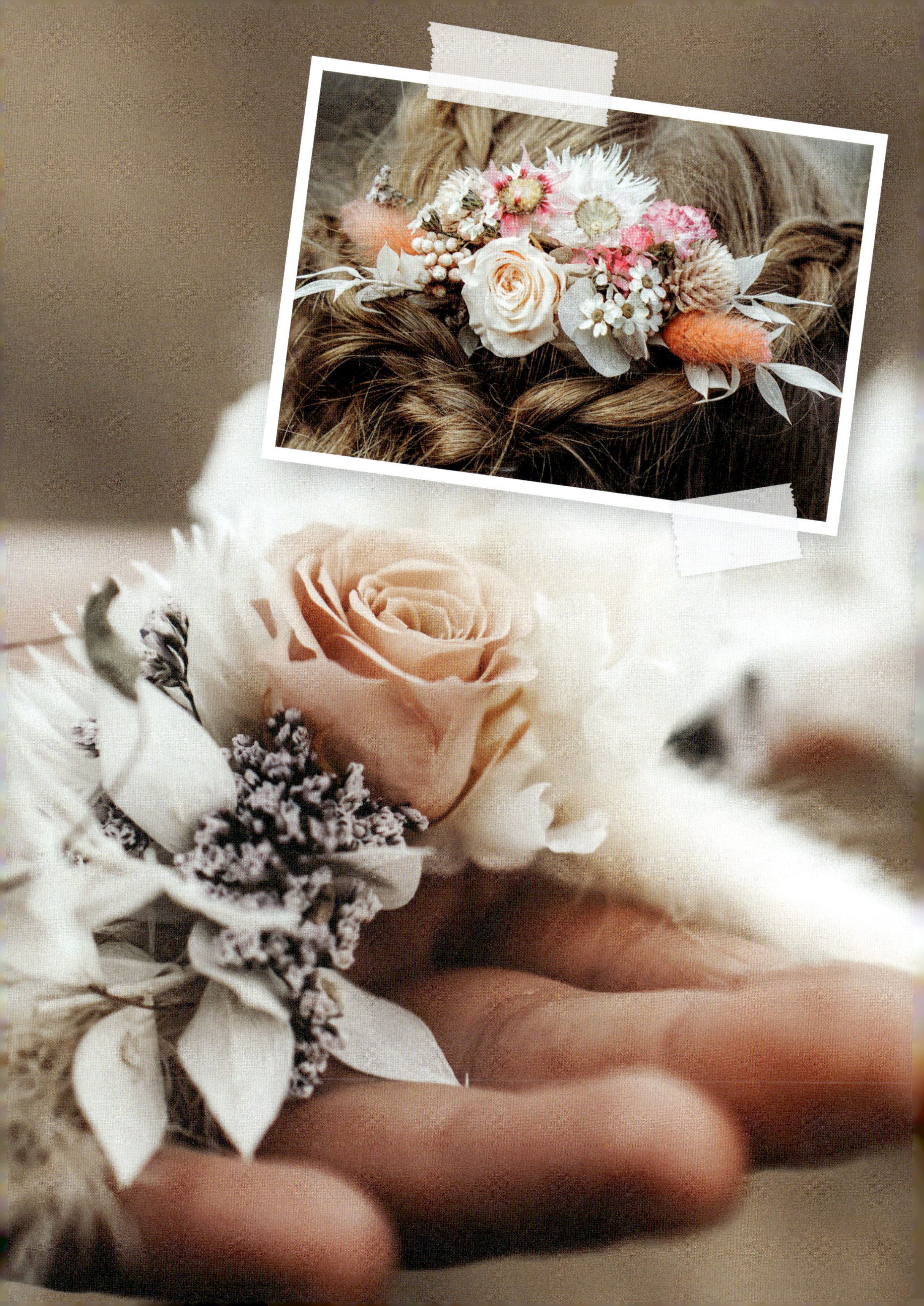

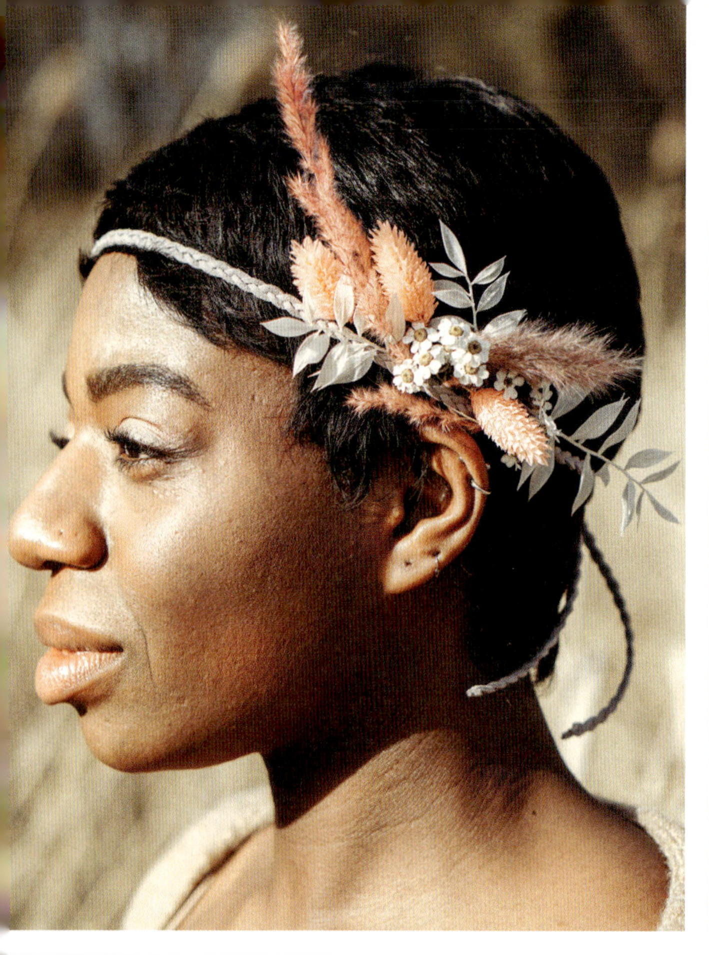
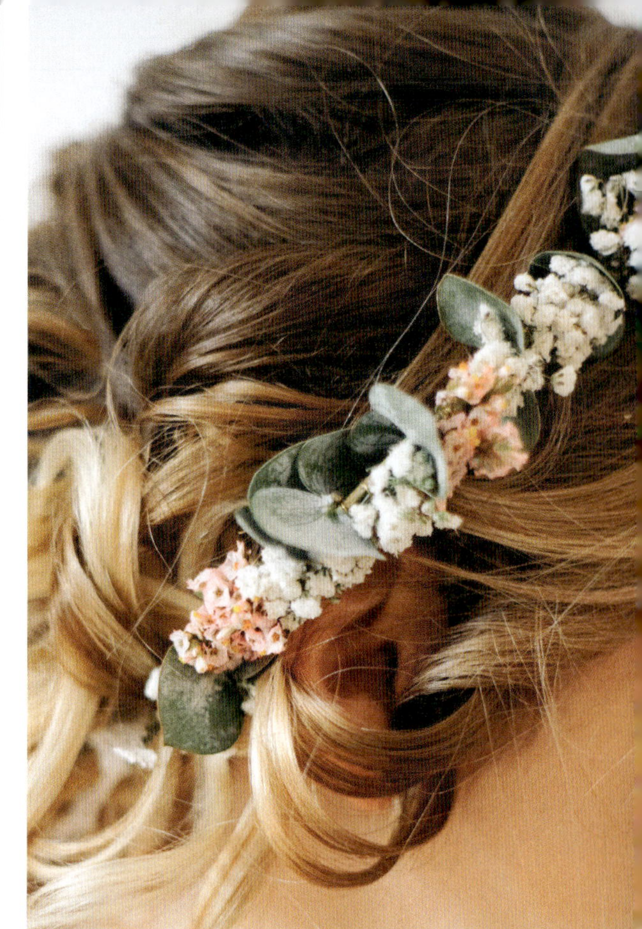
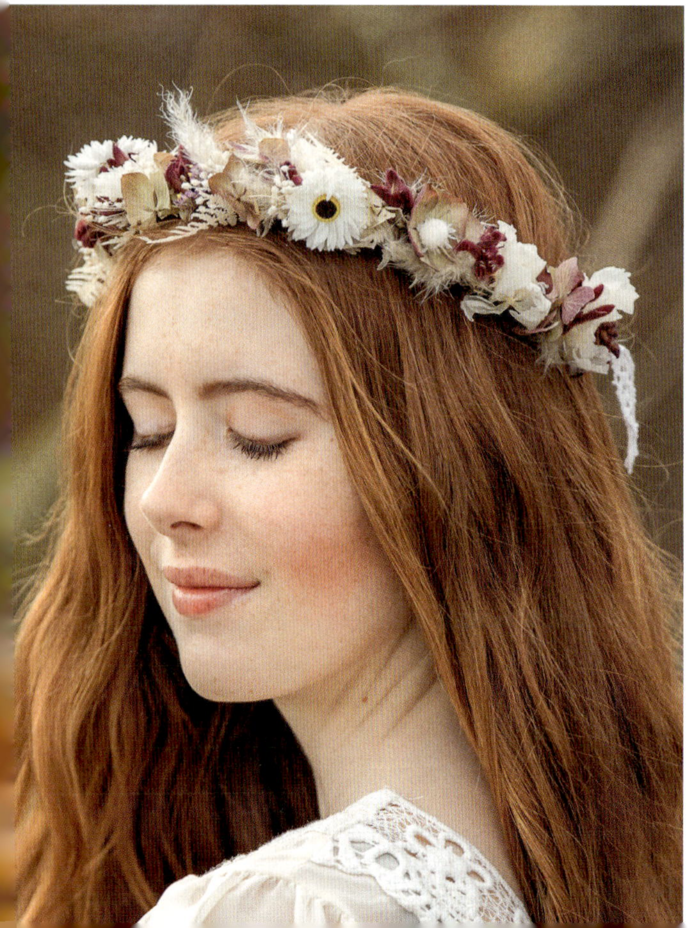
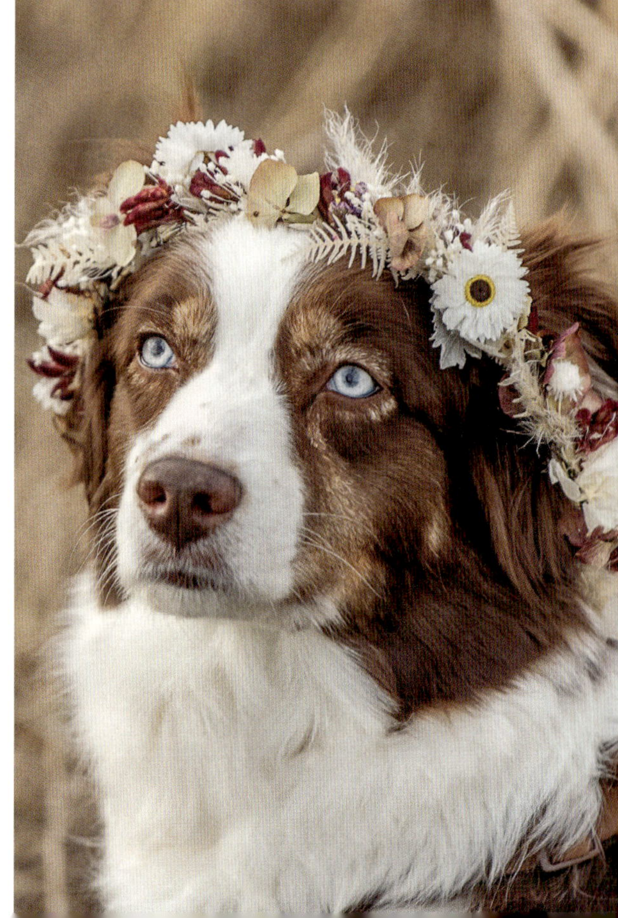

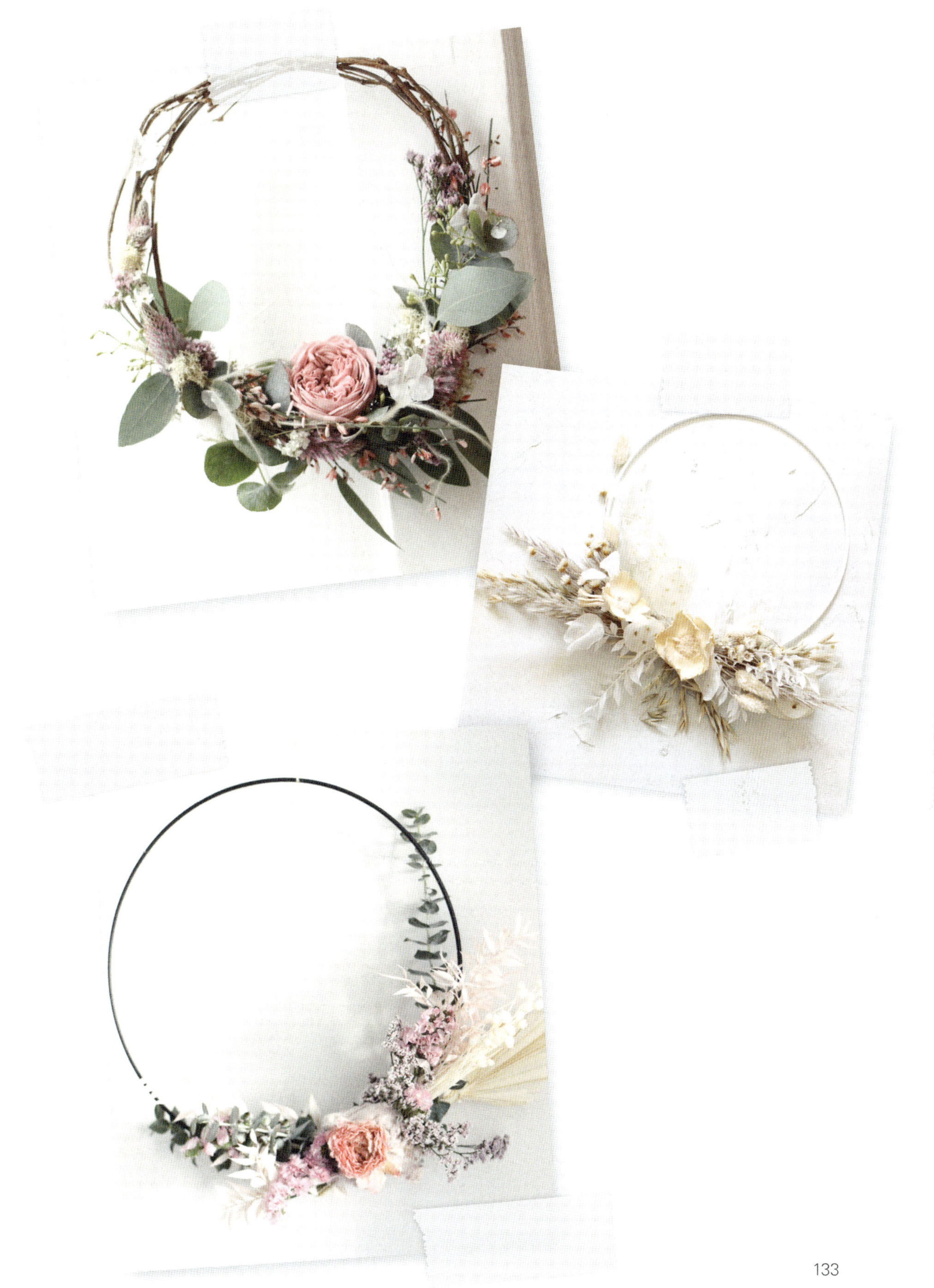

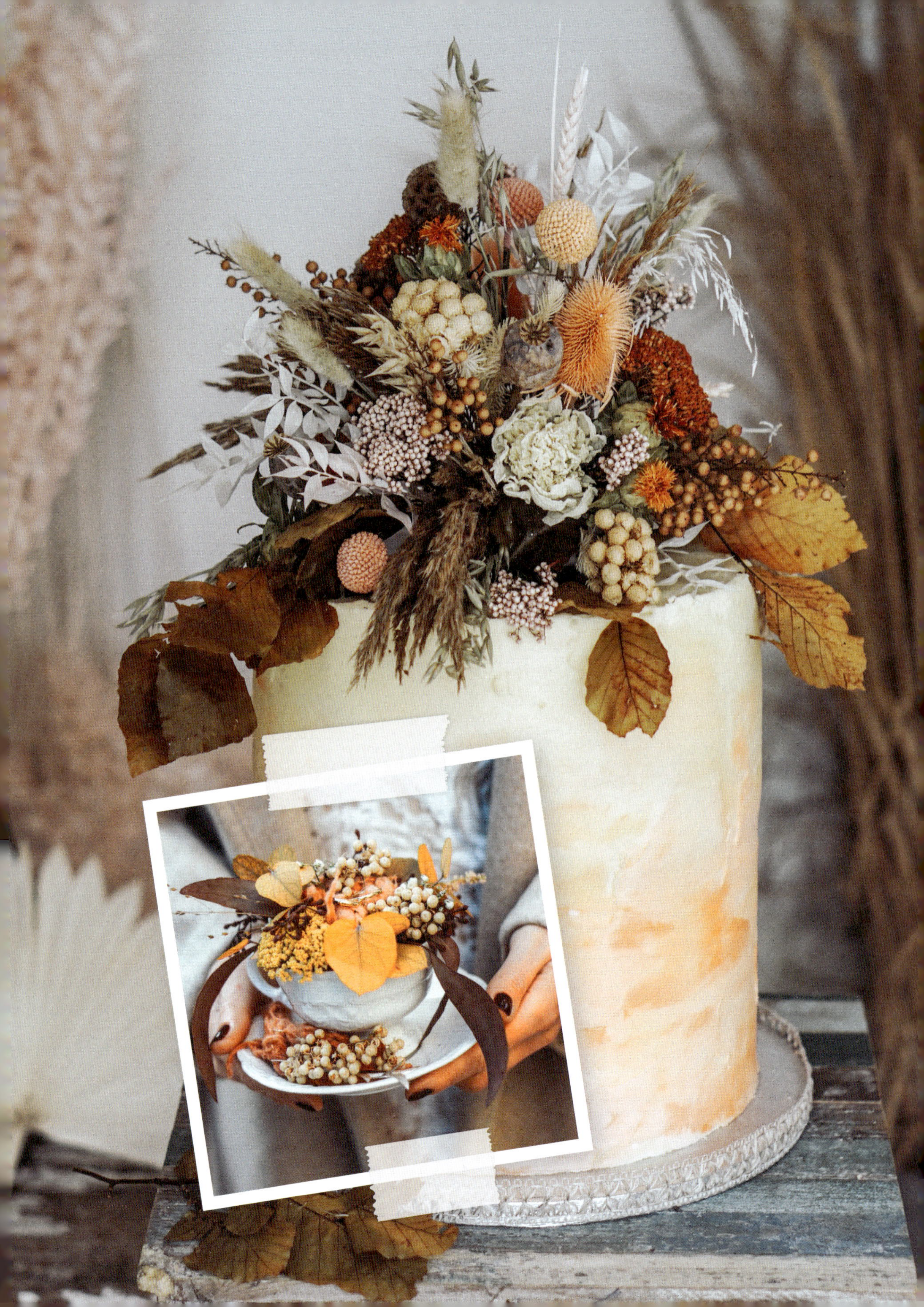

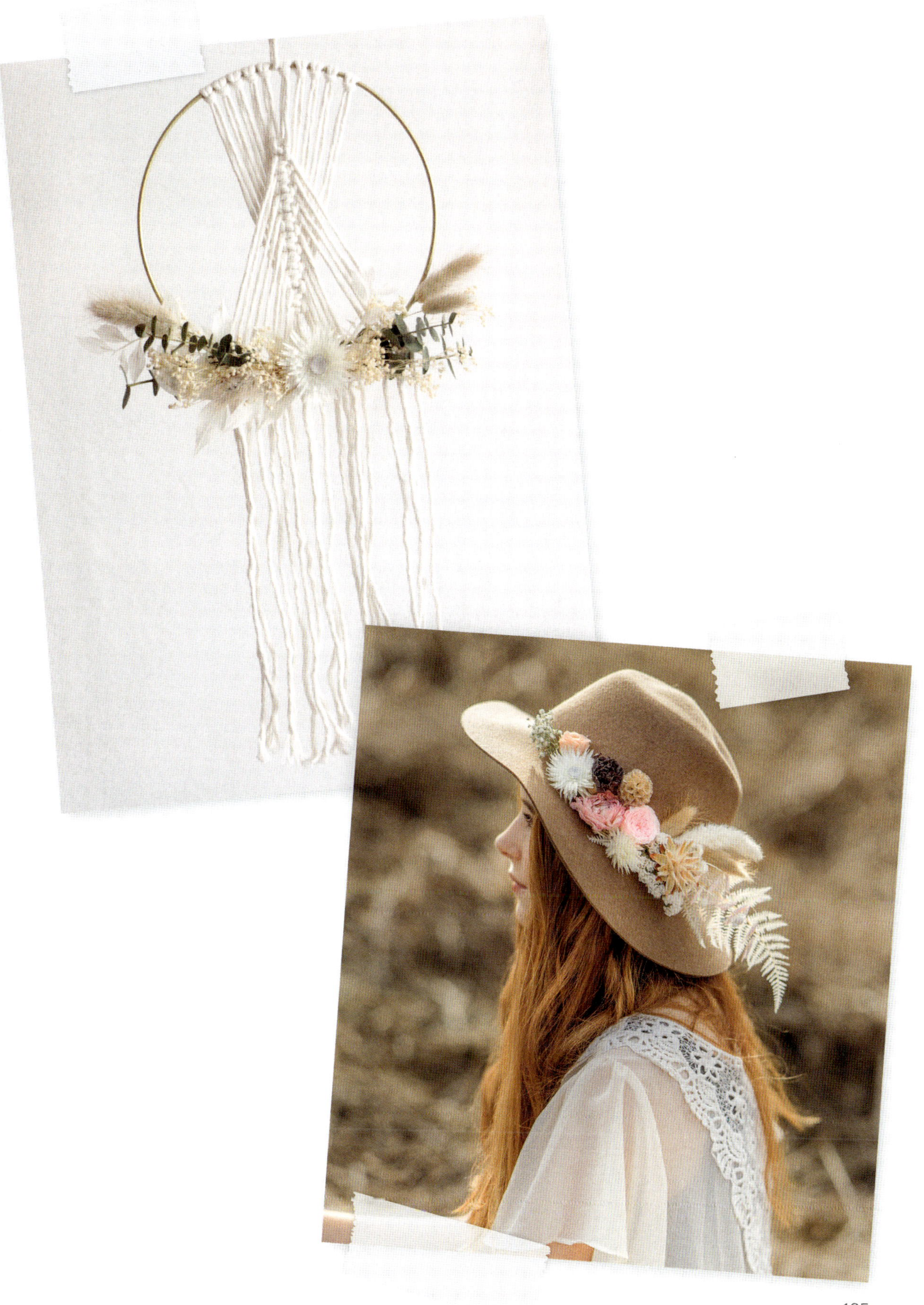

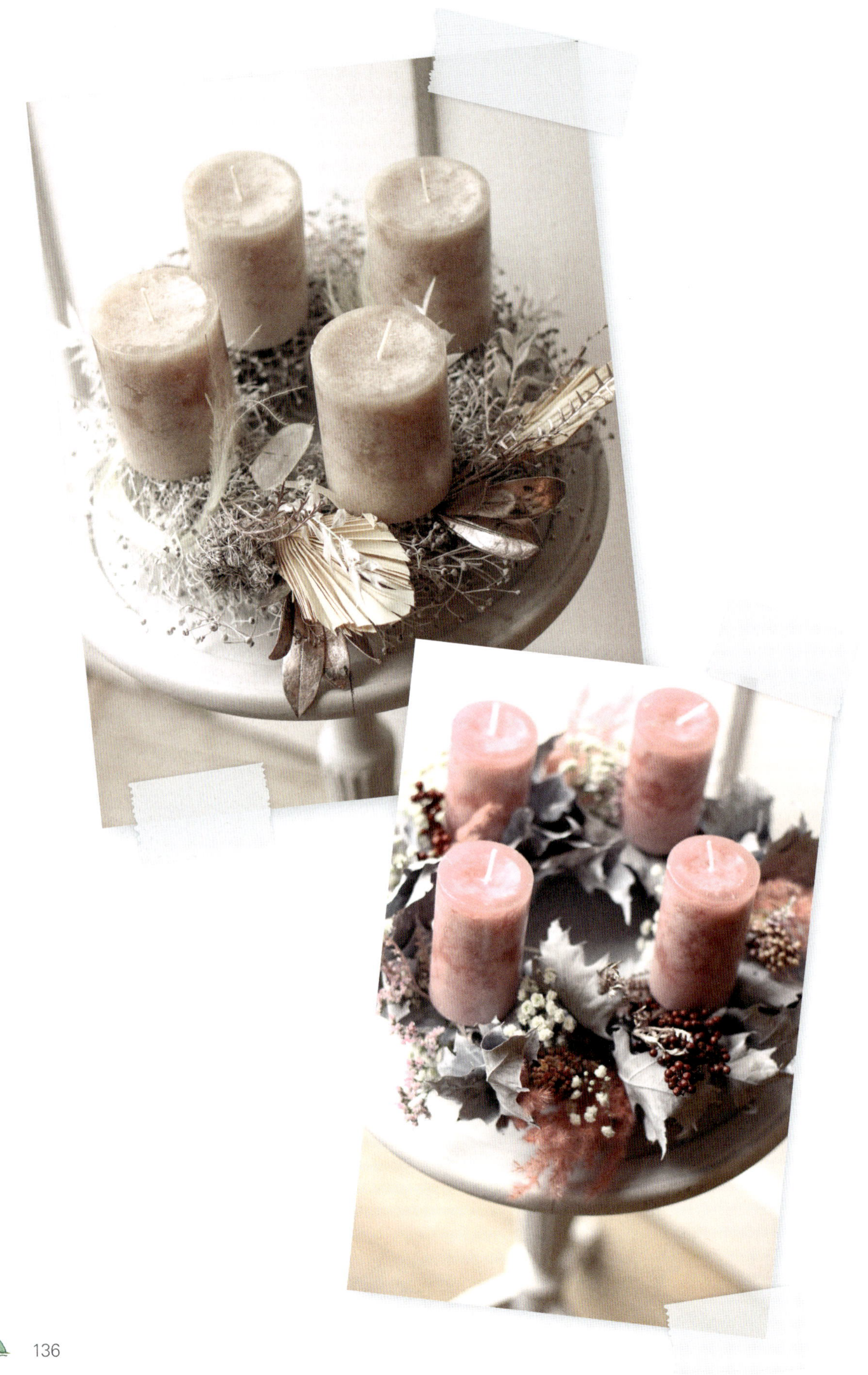

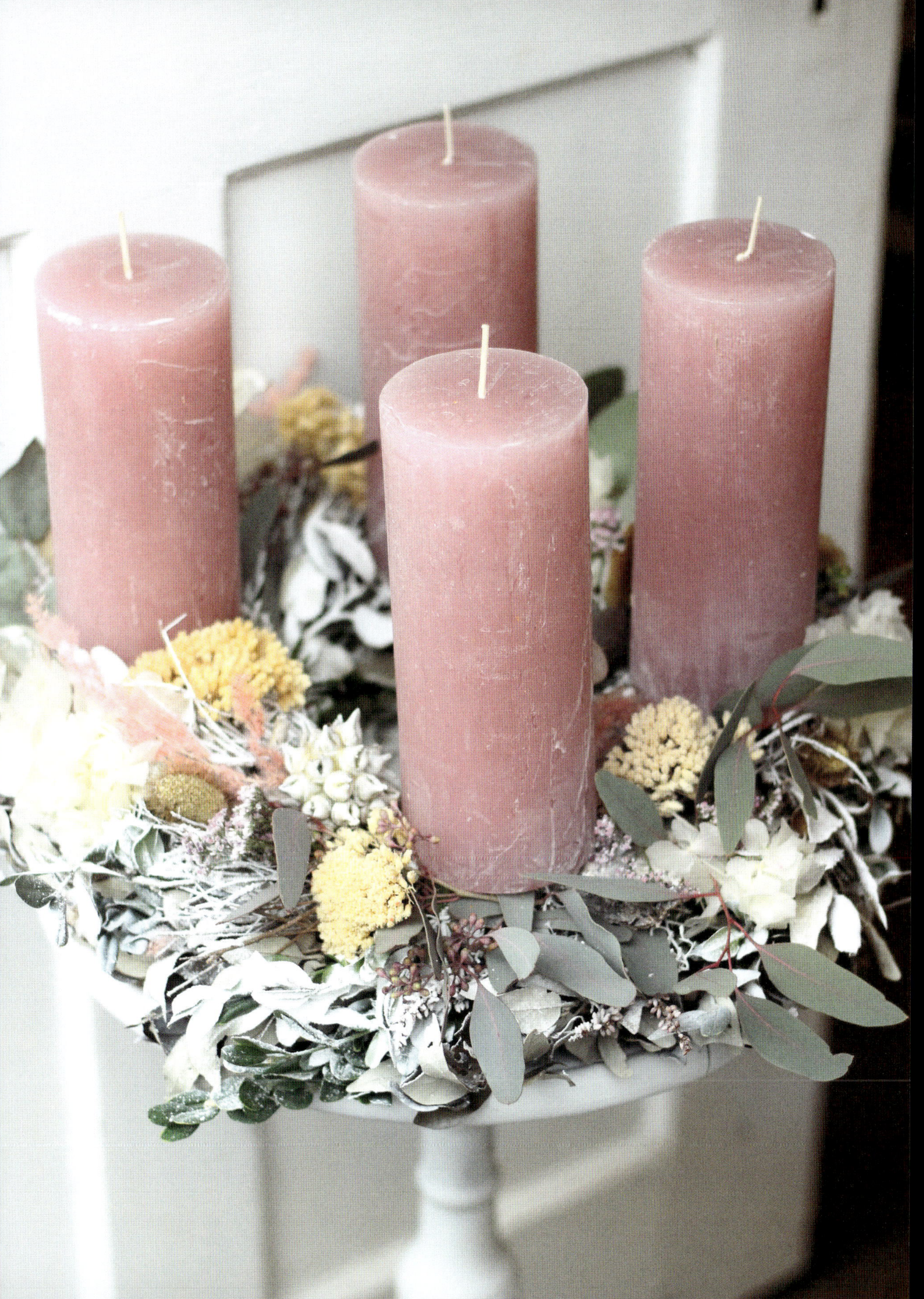

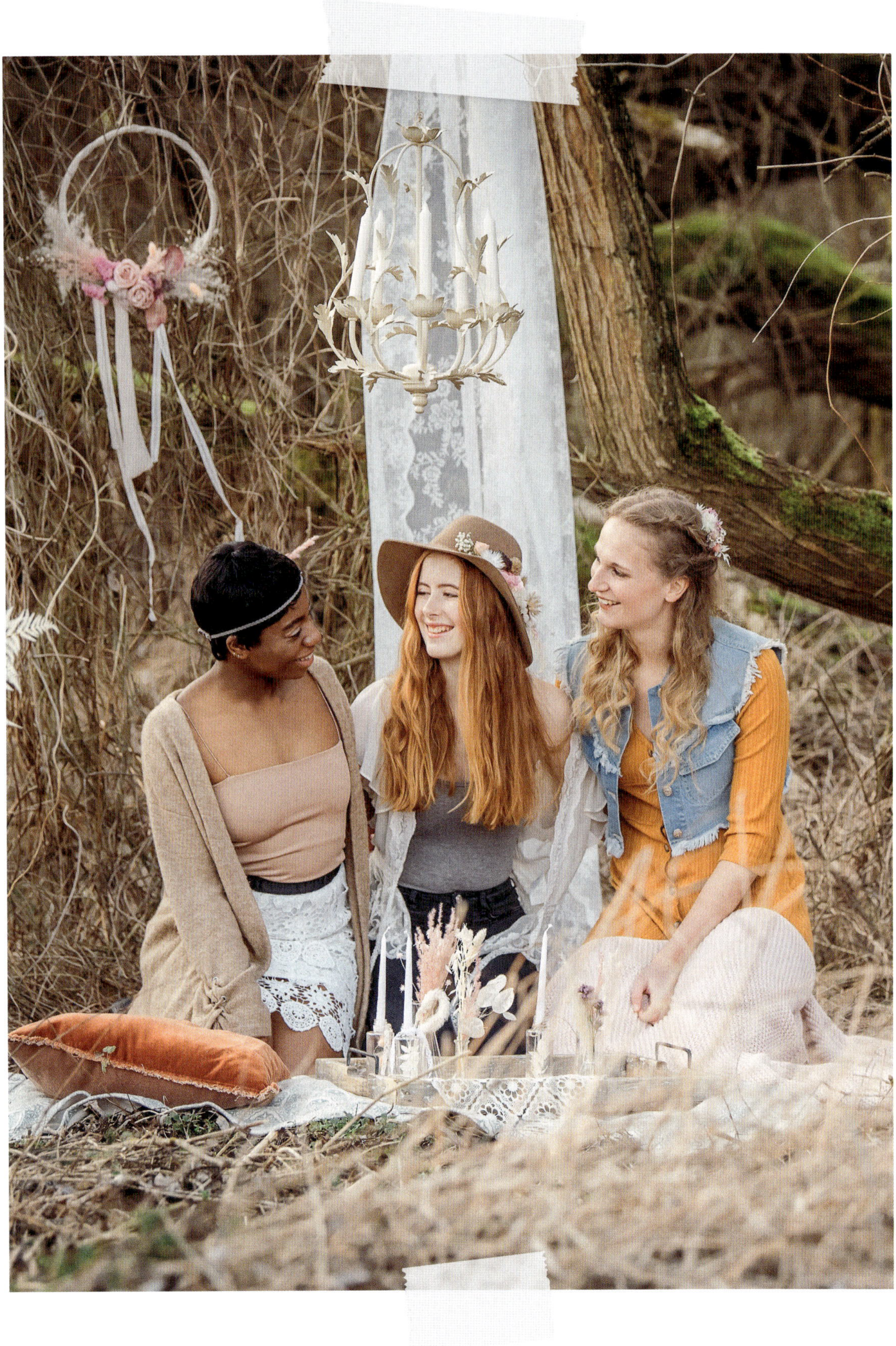

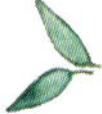

Eigene Projekte kreieren

Ideenfindung für eigene Projekte

Eigene Projekte zu realisieren anstatt nur über das Nachahmen zu lernen, ist ein künstlerischer Schaffensprozess. In diesem Kapitel widmen wir uns diesem kreativen Prozess, der aus einem schlummernden Potenzial das tatsächlich Neue entstehen lässt. Wage dich an diesen Ansatz heran – er wird dich Stück für Stück begleiten und Hilfestellungen bei der Realisierung eines eigenen Projekts bieten. Das künstlerische Schaffen liegt in der Natur des Menschen, also lasst uns mit der Natur gestalten.

Zunächst dürfen wir uns unsere Umwelt vorstellen wie ein Meer an Inspiration und Ideen. Sie sind bereits alle da. Für mich sind Gedichte eine wunderbare Ideenquelle, für andere ist es ein Spaziergang, ein Lied oder ein Ort. Auch Erinnerungen, zum Beispiel an einen Urlaubsaufenthalt, können Futter für unsere Vision von einem eigenen floralen Objekt werden.

Ein florales Objekt hat im Entstehungsprozess eine emotional erlebbare Eigendynamik. Zu Beginn stellen wir es uns vor, wie es fertig aussehen soll. Wir sind in unserer Vorstellung vollkommen frei, wie ein Kind. Wir haben Anforderungen an das fertige Objekt, wir können es kulturell prägen und »erziehen«, es hat aber auch ein Eigenleben.

Wir sind beim Arbeiten mit Trockenblumen nicht nur Handwerker, sondern dürfen Künstler sein und uns auf Entdeckungsreise begeben.

Zitat

»Natur und Kunstwerke lernt man nicht kennen, wenn sie fertig sind. Man muss sie im Entstehen aufhaschen, um sie einigermaßen zu begreifen.«

JOHANN WOLFGANG VON GOETHE

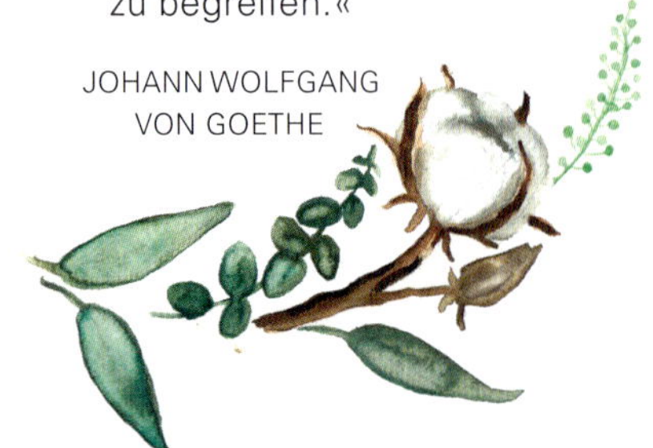

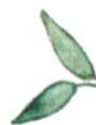

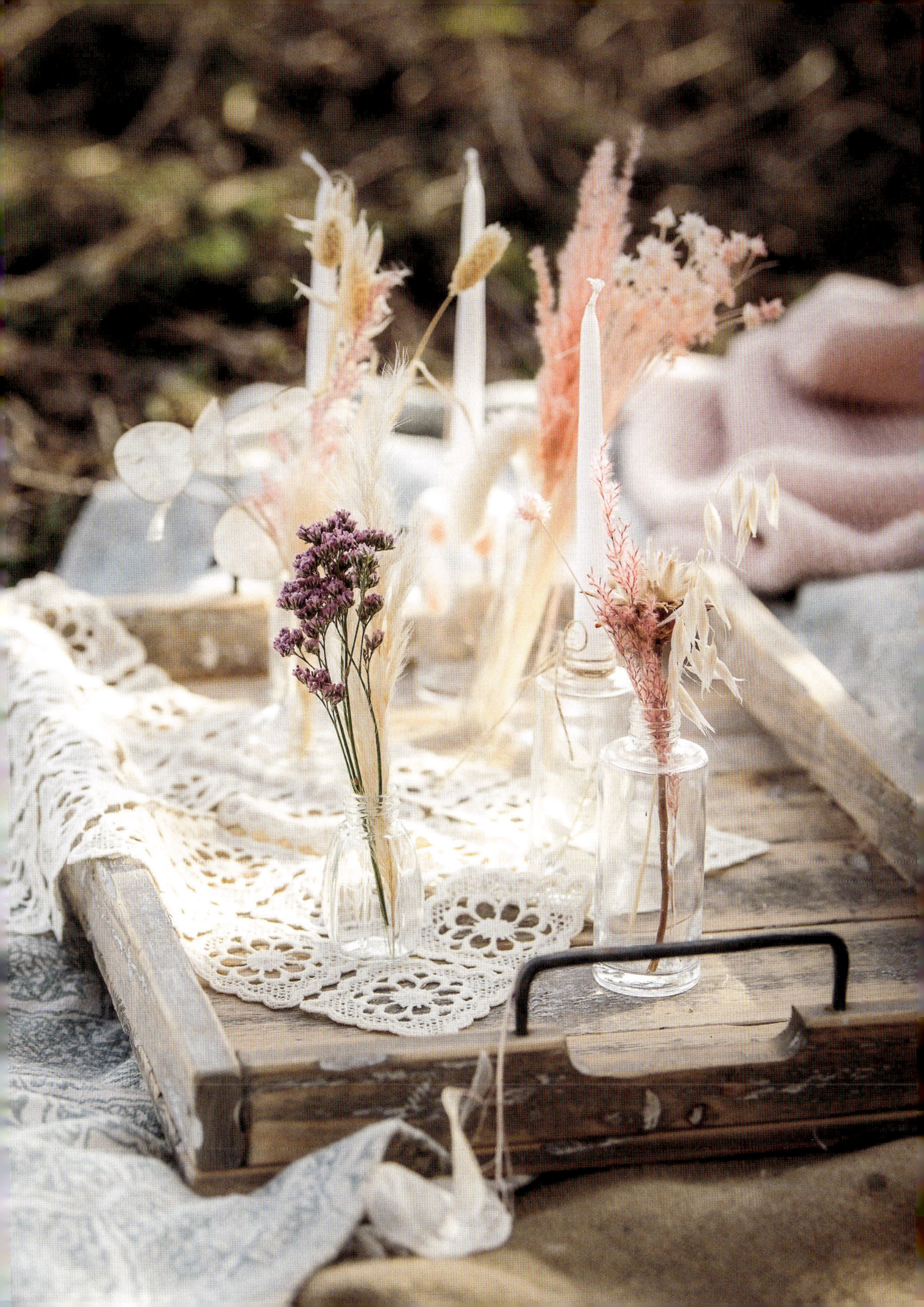

Schatzkistenmethode

Um eine Idee zu entwickeln, kannst du die »Schatzkisten-Methode« anwenden.

Dafür legst du dir über einen definierten Zeitraum hinweg eine kleine »Schatzkiste« an. Das kann ein Schuhkarton sein, da du diese Übung aber lieben lernen darfst, kannst du dir auch eine hübsche Holzschatulle aussuchen oder ein Gefäß, mit dem du gerne arbeiten möchtest.

In dieser »Schatzkiste« sammelst du alles, was dein Herz in Bezug auf ein kreatives neues Projekt berührt. Das dürfen Zeitschriftenausschnitte sein, Bilder, Gedichte, ein Zitat. Vielleicht ein Fundstück oder eine Materialprobe. Eine Geschichte oder vieles mehr. Du bist in den nächsten Tagen ein Dinge- und Momente-Sammler.

Wichtig ist, dass du noch nicht beginnst, in Farben und Endmaterialien zu sammeln. Beginne nicht, bereits eine Kombination an Trockenblumen in die Schachtel zu legen, aus der dann ein Strauß oder ähnliches wird. Wenn du eine Materialprobe in die Kiste legst, dann versuche vielmehr, sie auf einer anderen Ebene zu begreifen. Du kannst zum Beispiel nach der Strukturwirkung oder Bewegungseigenart dieser Blume fragen. Berührt dich beispielsweise eine Distel, so erfasse ihre Eigenschaften. Sie ist stachelig, frech. Vielleicht erlebst du sie als stark oder provokant? Welche Charaktereigenschaft würdest du dem floralen Material zuschreiben, falls du es in die Kiste legen möchtest?

Inspirationsmaterial können Papiere, Steine, Wolle oder Bänder sein. Strukturen und Haptik können uns sehr berühren. Eine Postkarte mit einem Stimmungsmotiv kann eine Atmosphäre in uns erzeugen. Gehe entdeckend auf deiner Schatzsuche durch die nächsten Tage.

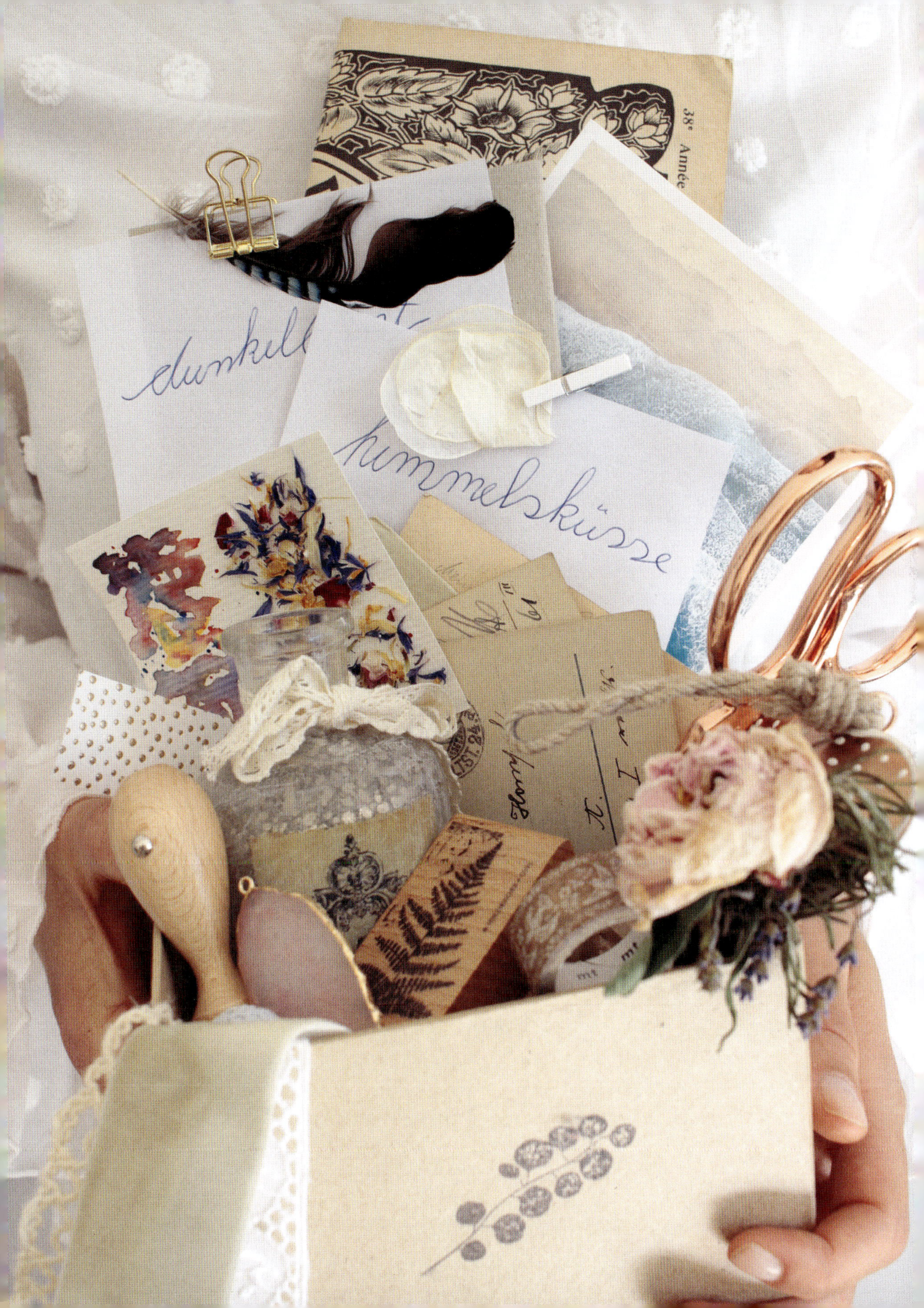
38e Année
himmelsküsse

Fragen an meine Idee

Um deine gesammelten Inspirationsschätze und die vielleicht schon sprudelnden Ideen zu sortieren, stellen wir im nächsten Schritt zwei unterschiedliche Kategorien von Fragen an unsere Idee.

Die eine Fragen-Kategorie ist die an den Nutzen, an die Anforderungen. Welche Kriterien soll das Ergebnis erfüllen? Bei Raumanforderungen oder Auftragsarbeiten sind diese Fragen oft überwiegend, sodass sich eine eigene Idee kaum entfalten kann. Stellen wir uns unsere Idee als Kind vor, so wird klar, dass sich die Idee zwar nur in einem geschützten Rahmen entwickeln kann, dass sie aber auch Freiräume und Zeiten zum Spielen braucht. Der geschützte Raum symbolisiert die Fragen an den Nutzen, die Zeiten zum Spielen sind das Eigenleben der Idee.

Das ist zugleich unsere zweite Fragen-Kategorie: die der Dynamik und des Eigenlebens. Wir fragen danach, was unsere Idee braucht. Vielleicht braucht sie einen dunklen Ort, um zur Geltung zu kommen. Oder einen lichtdurchfluteten Platz? Ebenso wie die Idee Anforderungen an ihren Umraum stellen kann, kommt sie auch mit einem Eigenleben in unsere Gedanken. Welche Charaktereigenschaften bringt sie mit? Ist sie tänzelnd oder schwerfällig? Ist sie schüchtern oder stolz? Stück für Stück wird sich mithilfe der Fragen ein Bild deiner Idee herauskristallisieren. Hast du Bewegungen oder Formen im Kopf, so skizziere sie neben die Frage auf. Kopiere dir die Tabelle auf der folgenden Seite, um sie immer wieder für deine Projekte verwenden zu können. Während du dir die Fragen stellst, ist es hilfreich, deine gesammelten Schätze aus deiner Kiste auszubreiten und anzusehen. Sie können deine Stimmungscollage sein.

Du musst nicht alle Fragen in beiden Kategorien beantworten. Es kann sein, dass du in der einen Kategorie mehr Fragen beantwortest als in der anderen. Für ein freies Gestalten solltest du darauf achten, bei den Anforderungs-Fragen nicht mehr Antworten zu geben als für das Eigenleben. Sollte das doch der Fall sein, dann habe trotzdem keine Hemmung, dein Projekt zu realisieren. Gönne dir dann einfach zu einem anderen Zeitpunkt den »Luxus« des freieren Gestaltens.

Fragen an den Nutzen und die Anforderungen

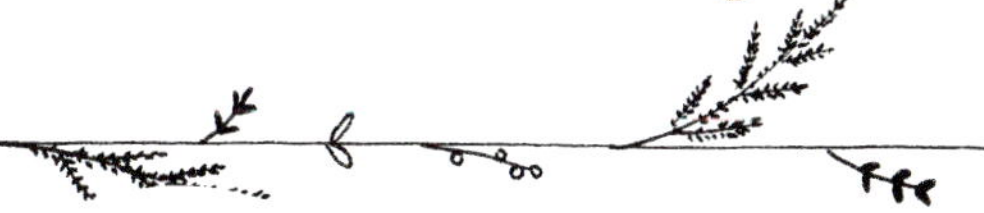

Welche Größe darf dein Objekt haben?

Hat dein Objekt einen Bestimmungsort?

Gibt es eine notwendige Farbgebung?

Hat das Objekt eine Vorderseite / ein Gesicht?

Muss dein Objekt eine bestimmte Stimmung oder Atmosphäre erzeugen?

Gibt es einen Gestaltungspartner? Muss deine Idee Bezug auf etwas bereits Bestehendes nehmen (zum Beispiel ein Bild oder ein anderes Kunstobjekt)?

Fragen an die Dynamik und das Eigenleben

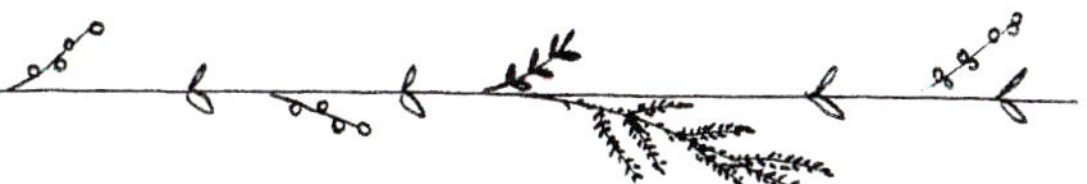

Was braucht deine Idee?

Wenn deine Idee sich bewegen könnte, wie würdest du ihre Bewegung beschreiben?

Welche Stimmungsfarben bringt deine Idee mit?

In welche Richtung möchte dein Objekt blicken?

Welche Stimmung erzeugt dein Objekt? Beruhigend? Belebend? Oder eine andere?

Wünscht sich dein Objekt Gesellschaft? Besteht es aus mehreren Teilen oder möchte einen Gestaltungspartner haben (zum Beispiel eine weitere Skulptur, ein Bild oder ähnliches)?

Braucht deine Objekt einen Rahmen (zum Beispiel ein Gefäß)?

Ist deine Idee präsent und dominant oder eher zaghaft und sanft?

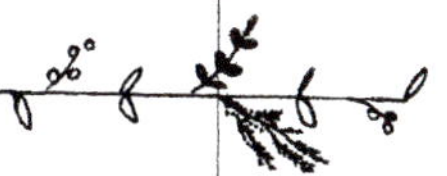

Kindergeschichten-Methode

Du konntest bereits einige Fragen zu deinem Objekt beantworten? Dann darfst du jetzt intuitiv Material zusammenstellen, das zu deinen Antworten passt. Finde Blüten, Gräser und andere Materialien, die die geeigneten Charaktereigenschaften mit sich bringen, zum Beispiel Bewegung, Farbe, Dominanz oder Struktur. Mit der folgenden Übung kannst du deine Materialsammlung weiter konkretisieren. Wichtig ist: Es gibt kein »Falsch«. Es ist ein Entdecken.

Stelle zunächst **intuitiv** das Material zusammen, mit dem du deine Idee realisieren möchtest. Lege ein großes Blatt weißes Papier als Arbeitsunterlage vor dich und einen Stift zum Schreiben bereit. Führe die folgenden Schritte für jedes Gestaltungselement **einzeln** durch (Befestigungsmittel oder Ergänzungsmaterialien sind damit nicht gemeint).

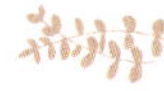

Nehme eine Sorte deiner Materialauswahl in die Hand. Wie fühlt es sich an? Welche Struktur hat es? Welche Bewegung zeigt sich dir? Streckt es sich in den Himmel oder läge es in der Natur flach auf der Erde?

Stelle dir nun vor, dein Material sei ein Charakter in einer Kindergeschichte. Wie würdest du es beschreiben? Ist es frech und vorlaut? Starrköpfig? Stolz? Finde Adjektive für die Trockenblume in deiner Hand.

Gebe deiner Blume einen beschreibenden Namen. Vielleicht »frecher Karl« oder »liebe Tänzerin«.

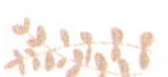

Wenn du alle Materialien auf diese Weise betrachtest, wer spielt in der Geschichte die Hauptrolle? Wer die Nebenrolle? Wer schließt vielleicht Freundschaft? Wer gibt Kontra und stellt eine Opposition dar? Versuche die Materialien auf dem Blatt Papier in Gruppen zu ordnen.

So ergeben sich Kombinationsmöglichkeiten und Gruppierungen. Vielleicht schon räumliche Anordnungsmöglichkeiten.

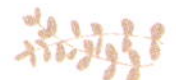

Braucht deine Geschichte noch weitere Mitspieler? Oder spaltet sich ein Teil der Geschichte ab? Zeigt sich dir dadurch, dass diese Materialien vielleicht zu einer anderen Idee gehören? Jetzt hast du die Möglichkeit, Materialien zu ergänzen oder auch zu streichen.

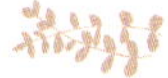

Notiere auf dem Blatt Papier deine Fantasienamen neben die Materialien. Vielleicht möchtest du noch Kommentare dazu schreiben oder mit Symbolen wie Pfeilen arbeiten, um Beziehungen zu anderen Materialien zu kennzeichnen.

Wenn du fertig bist, fotografiere dir dein Kindergeschichtenblatt als Erinnerungsstütze für das weitere Arbeiten.

Umsetzung deiner Idee

In den letzten Übungen konntest du eine Beziehung zu deiner Idee aufbauen und sie konkretisieren. Ich möchte dir nun noch einige wichtige Gedanken zur Umsetzung mitgeben, indem ich dir zeige, wie ich selbst eine neue Idee wachsen lasse.

Wichtig ist, dass du die folgenden Hinweise immer nur dann liest, wenn du den vorherigen Schritt abgeschlossen hast. Oder an einem Punkt beim Arbeiten angelangt bist, an dem du einen Impuls benötigst oder das Gefühl hast, nicht weiter zu kommen. Ich gebe dir keine Schritt-für-Schritt-Anleitung, sondern nur Gedankenanstöße zum freien, künstlerisch kreativen Arbeiten.

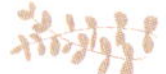

Wenn du zur Umsetzung deines Projektes gelangt bist, hast du Mut, deiner Idee Form und Raum zu geben. Herzlichen Glückwunsch dazu! Das ist ein wertvoller Schritt. Du bist bereit, etwas nicht Dagewesenes aus deinen eigenen Gedanken heraus zu gestalten. Stelle dir nun die Frage, ob du deine Gedanken nochmals festhalten willst. Ich skizziere sie immer gerne grob auf oder hänge mir kleine Notizzettel an meinen Arbeitsplatz. Die Sammlung kann sich stetig erweitern, wenn du dir neue Gedanken notierst, aber auch mögliche Schwierigkeiten oder ein Material, das du noch besorgen musst. So bleibst du im Arbeitsprozess aktiv, ohne ständig über den nächsten und übernächsten Schritt zu grübeln.

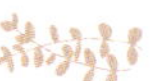

Bereite deinen Arbeitsplatz vor. Versuche vorrausschauend die Werkzeuge und Utensilien bereit zu legen, die du brauchst. Richte dir den Arbeitsplatz sinnvoll her. Meine Rebschere und das Werkzeug liegen immer griffbereit auf der rechten Seite. Bist du Linkshänder, so lege sie auf die linke Seite. Sortiere deine Materialien sortenrein. Auf diese Weise kannst du flüssig arbeiten und das Material, jedes für sich, erobern.

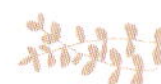

Entscheide, ob es Vorbereitungsarbeiten zu erledigen gibt. Musst du eine Sorte Blumen noch einfärben? Müssen Blüten mit einem Draht versehen werden? Willst du kleine Bündel verarbeiten? Wenn du einzelne Arbeitsschritte bereits im Vorfeld erledigen kannst, so mache das gleich zu Beginn.

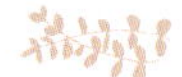

Benötigt dein Objekt eine Befestigungsmöglichkeit? Kannst du es die ganze Zeit über halten, kann man es ablegen oder musst du es zwischendurch aufhängen? Richte deinen Arbeitsplatz so dafür ein, dass du ihn auch jederzeit verlassen kannst, ohne dann das Objekt nicht ablegen zu können.

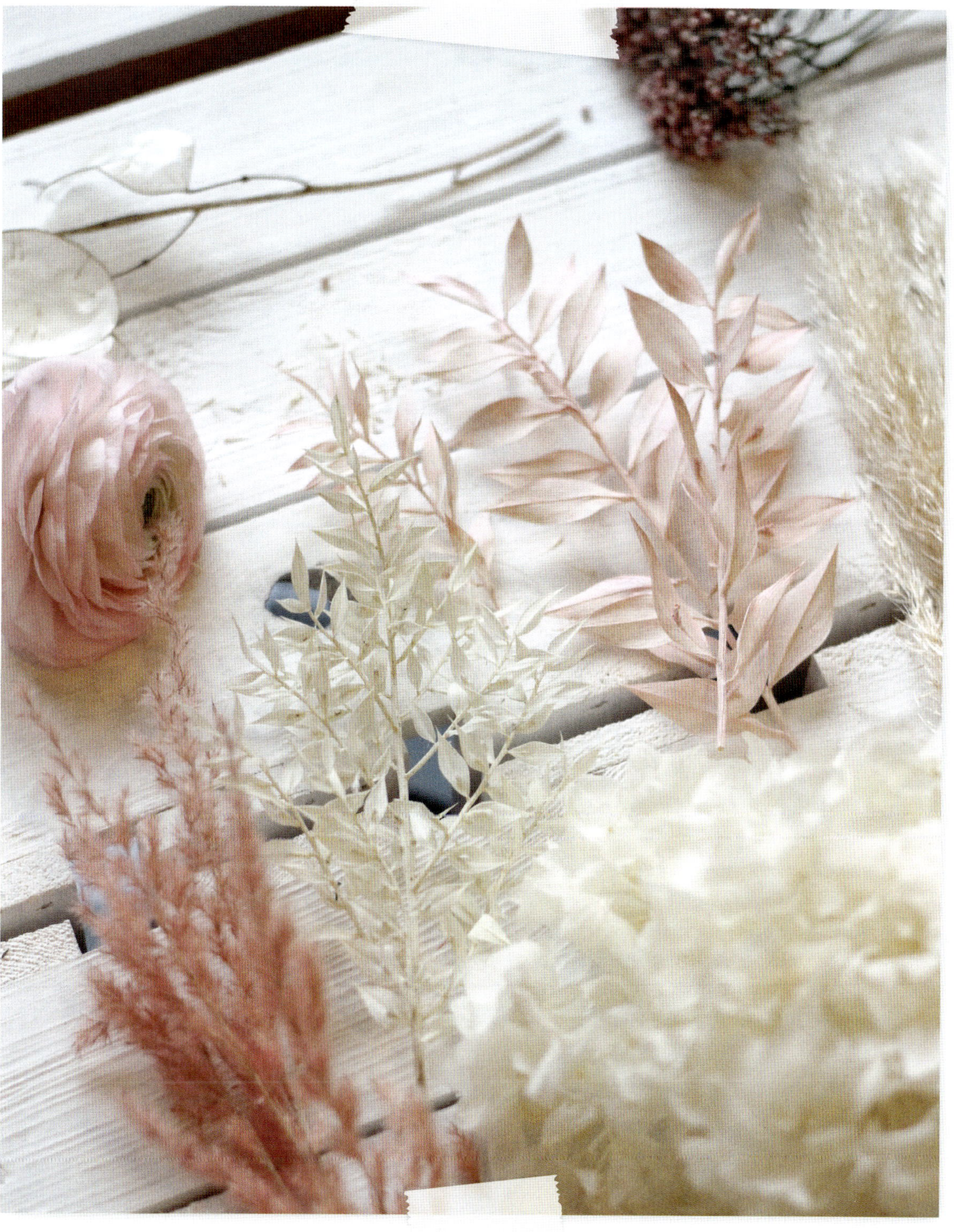

Jetzt kann es losgehen. Du hast die Vorbereitungsarbeiten erledigt und dein Objekt nimmt jetzt Form an. Bei meinem Herzensprojekt handelt es sich um ein Objekt, dass dynamisch und schwungvoll gestaltet sein soll. Es möchte eine Art Kreislauf symbolisieren. Das Material, das mich fasziniert, sind Samen, Schoten und Kapseln. Alles Vertrocknete, das tot zu sein scheint. Während des Arbeitens entdecke ich immer mehr Eigenschaften dieses Materials. So wird es dir auch ergehen. Ich habe für diese Fälle etwas zum Schreiben bereitgelegt und notiere alles auf, was mir an Ideen kommt. Das Kennenlernen unserer Idee geht weiter. Und gleichzeitig nimmt sie Form an.

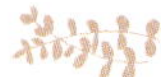

Scheitern und Revidieren: Auch bei dem Projekt. das ich euch zeige, habe ich zu Anfang einen anderen Plan gehabt, als gegen Ende. Zu Beginn wollte ich eine Spirale formen, dann wurde ein dünner Reif daraus. Ich war frustriert. Ich möchte dich ermutigen: Das gehört dazu. Du darfst eine Pause einlegen, nimm dir aber fest vor, weiterzumachen. Vielleicht flüstert dir das wachsende Projekt zu: »Ich habe etwas anderes vor«. Sei weiter mutig und entdeckend. Überlege, ob dein ursprünglicher Gedanke auch in anderer Form ausgedrückt werden kann.

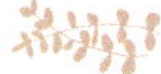

Erst ganz am Ende hat sich mir gezeigt, dass mein dünner Reif eine mondsichelförmige Plastik werden sollte. Sie wurde dreidimensional, statt eine Vorderseite zu bekommen. Sie ist gewachsen und ich habe während des Arbeitens entdeckt, dass ich immer weiter gestalten wollte und die ursprüngliche Idee »erwachsen geworden« ist. Sie ist förmlich aus meiner Gedankenwelt herausgewachsen. So konnte ich sie mir gar nicht vorstellen. Auch dass sie jetzt nicht mehr hängen würde, sondern einen Fuß zum Stehen bräuchte, wurde mir im Laufe der Entwicklung erst bewusst. Stelle dir gegen Ende nochmals die Frage: Was braucht meine Idee?

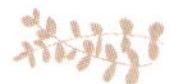

Meine Idee hat, wie du siehst, einen Fuß aus Holz als Ständer bekommen. Sie ist zu einem Raumobjekt geworden statt zu einer Wanddekoration.

Du wirst an einen Punkt kommen, an dem du spürst: Es ist fertig. Manchmal möchtest du noch stundenlang weiterarbeiten, weil sich ein gewisser Perfektionismus eingeschlichen hat. Dann ist es jetzt deine Aufgabe, dir ein Abschlussritual zu überlegen. Ich habe mir angewöhnt, meine Herzensprojekte nach dem Arbeiten nochmal auf eine schnelle, unkomplizierte und anspruchslose Art abzumalen. Das muss nicht deine Methode sein, vielleicht genügt es dir auch, einen passenden Platz auszusuchen, an dem dein fertiges Werkstück zur Geltung kommen kann.

Überlege dir jetzt einen bewussten Schritt, um dieses Projekt abzuschließen und dich an deinem Ergebnis zu freuen. Du hast etwas ganz Besonderes erschaffen!

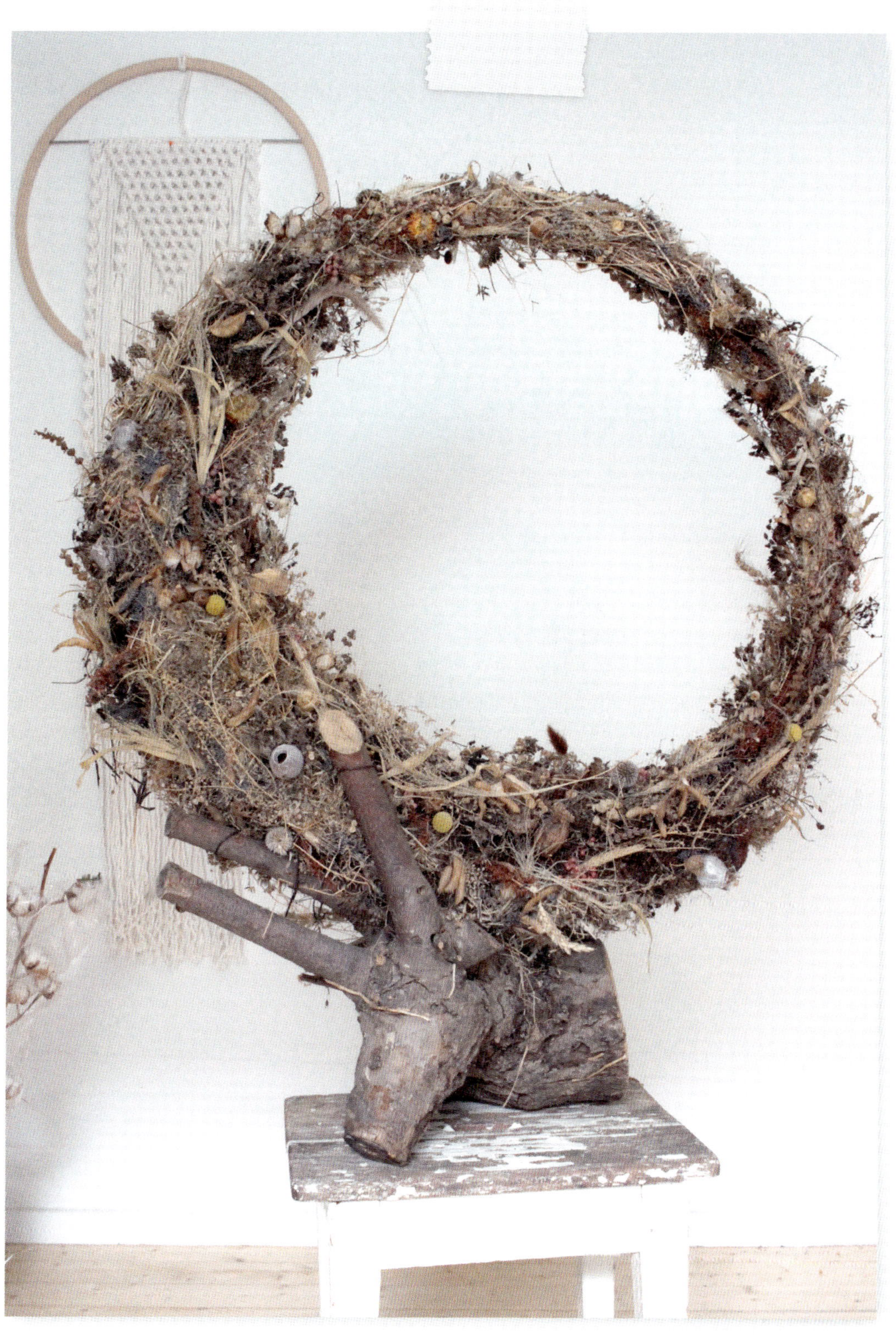

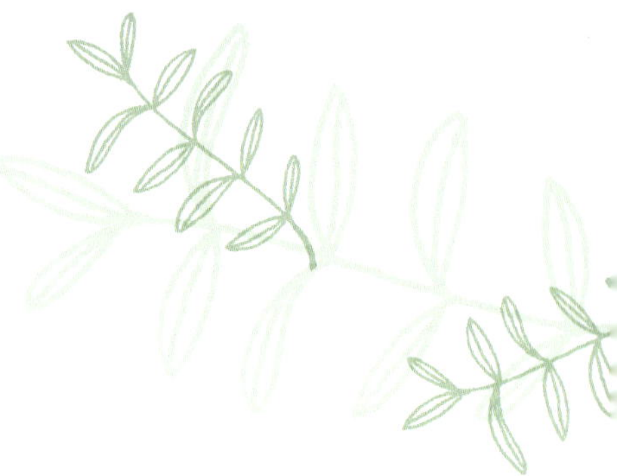

Ein Danke aus Liebe
an meine Löwenmama.
Ich bin nur, weil du bist.
ANNA

Danke an meine wunderbaren Freunde
und Familie, an Lea & Lubu
und an meine geduldigen Blumenhändler.

Für eine wunderbare Begleitung, Unterstützung
und viel Freude richte ich ein herzliches
Dankeschön außerdem an Melanie Stiebner.

IMPRESSUM:

Covergestaltung & Layout: Guter Punkt, München
Fotografie: Anna C. Rupp, Monja Kantenwein, Melissa Neßler
Tortenbäckerei: Swetlana von *sweet sweety*
Gesamtherstellung: Stiebner Verlag, Grünwald

Bibliografische Information der Deutschen Nationalbibliothek:
Die Deutsche Nationalbibliothek verzeichnet diese Publikation
in der Deutschen Nationalbibliografie; detaillierte bibliografische
Daten sind im Internet über http://dnb.dnb.de abrufbar.

Printed in the EU

ISBN 978-3-8307-2092-8

Wir produzieren unsere Bücher mit großer Sorgfalt und Genauigkeit.
Trotzdem lässt es sich nicht ausschließen, dass uns in Einzelfällen Fehler passieren.
Unter www.stiebner.com/errata/2092-8.html finden Sie eventuelle Hinweise
und Korrekturen zu diesem Titel. Sollten Sie in diesem Buch einen Fehler finden,
so bitten wir um einen Hinweis an verlag@stiebner.com.
Für solche Hinweise sind wir sehr dankbar, denn sie helfen uns,
unsere Bücher zu verbessern.